Wohnbiotop Garten

K. A. Frickhinger

Band III: Die Tiere

Tetra

K.A. Frickhinger

Wohnbiotop Garten

Teil III

Die Tiere

Tetra

Tetra Werke Dr. rer. nat. Ulrich Baensch GmbH
Postfach 15 80, 4250 Melle 1, Germany

Satz und Layout: Grafikbüro Schumacher, Wachtberg
Lithos: Flotho Reprotechnik, Osnabrück
Druck: Paderborner Druck Centrum

ISBN 3-89356-159-5

Inhalt

Vorwort

Wenn Sie diesen Band aufmerksam lesen, dann haben Sie sicher schon längst damit begonnen, so einiges an Ihrem Garten zu ändern, in der ernsten Absicht, ein Wohnbiotop zu gestalten. Vielleicht ist es gar schon soweit, daß dieser Gedanke von Ihnen Besitz ergriffen hat und Sie sich plötzlich der Verantwortung bewußt wurden, als Besitzer eines Stückchens Land Ihren ganz persönlichen Beitrag zur Erhaltung der überall bedrohten Natur leisten zu wollen oder, noch besser gesagt, zu müssen.

Dieses letzte Wort mag zwar hart klingen, doch kann es gar nicht deutlich genug gesagt werden, wie sehr jeder einzelne dazu beitragen muß, zu retten und zu erhalten, solange dies noch möglich bleibt. Stellen Sie sich einmal vor, welche Menschenmassen an den Wochenenden die Ufer selbst abseits liegender Gewässer bevölkern, alles rund herum zertrampeln und durch lautes Geschrei und schrille Töne aus Kofferradios die heilige Ruhe stören. Daß dabei vieles auf der Strecke bleibt, braucht niemand zu verwundern.

Dabei kann man es solchen Menschen nicht einmal verübeln, wenn eine arbeitsreiche Woche hinter ihnen liegt und sie ihre Abende in einer engen Stadtwohnung verbringen mußten, sich dann danach zu sehnen, in ihrer freien Zeit frische Luft zu atmen. Doch leider scheint das gesunde Verhältnis zur Natur verlorengegangen zu sein. Nicht Ruhe ist gefragt, die wirklich der Erholung dienen könnte, nein, Trubel muß herrschen, Hast und Unruhe, sonst glaubt man, sich nicht regeneriert zu haben.

Sie, als glücklicher Besitzer eines Gartens, haben der großen Menge der Bevölkerung gegenüber einen unbestreitbaren Vorteil. Es ist Ihnen vergönnt, im Hause zu bleiben, wenn alles nach draußen strömt. Sie können in Ruhe genießen, und von Ihnen erwartet man dafür nicht mehr und nicht weniger, als Ihren ganz persönlichen Beitrag zu leisten, im Kleinen zu verwirklichen, was im Großen verlorenzugehen droht.

Daß dabei auch die Tiere eine bedeutende Rolle spielen, braucht nicht besonders erwähnt zu werden. Alle, von der Assel bis zum Zeisig, erfüllen eine wichtige Aufgabe im Lebenszyklus der Natur, und so sollen Sie aus diesem Band entnehmen, welch große Zusammenhänge bestehen und daß somit auch das des Schutzes bedarf, auf was Sie bisher mit Scheu oder gar mit Ekel glaubten, herabblicken zu müssen. Alles beginnt immer ganz unten und baut sich langsam nach oben auf. In diesem Sinne möge dieses Buch Ihr Verständnis und Ihr Interesse erwecken.

Planegg, im Sommer 1992

Der Zitronenfalter erscheint als erster Schmetterling im Frühling.

Erst Tiere bringen Leben in das Wohnbiotop

Wir Menschen werden zwar allgemein als die Krone der Schöpfung bezeichnet, und doch sind wir nur ein kleiner Teil derselben. Wir müssen unseren Lebensraum mit einer Unzahl anderer Lebewesen teilen und dürfen in uns nicht mehr sehen als ein kleines Rad im Getriebe, dessen Abhängigkeit von der Gesamtheit manchem nicht so richtig in den Sinn gehen will. Dabei kann unser Einfluß auf das Naturgeschehen weit eher als schädlich bezeichnet werden denn als nützlich, und dabei strafen wir uns selber Lügen, wenn wir anmaßend genug alles andere von unserem einseitigen Standpunkt aus in die Kategorien „schädlich" und „nützlich" einteilen. Was zwischen diesen beiden Gruppen liegt, wird bestenfalls geduldet, meist aber zumindest als unnötig betrachtet.

Dabei haben wir alle gelernt, daß beispielsweise Insekten nötig sind, um Blüten zu bestäuben. Unwillkürlich denken wir dabei an die „nützlichen" Bienen, die jedoch allein diese immense Arbeit niemals bewältigen könnten und dazu vieler anderer Helfer bedürfen, die nicht in unser willkürliches Schema passen.

Andererseits dienen viele Spinnen und Insekten manchen unserer Singvögel als Nahrungsgrundlage, weshalb unsere gefiederten Freunde wiederum in die Kategorie „nützlich" fallen. Was geschieht aber, wenn die von uns als unnötig betrachteten Insekten immer weniger werden oder gar ganz ausbleiben? Als unabdingbare Folge davon müßten auch die Vögel das Feld räumen, denn wo die Nahrungskette abreißt, bleibt für sie kein Platz mehr. Wenn es nur mehr die schutzwürdigen Bienen gäbe, würden viele Blüten unbefruchtet bleiben und könnten keine Samen bilden. Folglich würde die Nahrung für manchen körneressenden Vogel knapp und somit seine Existenz auf die Dauer gefährdet werden.

Ein ständiges Fressen und Gefressen Werden bestimmt den Lauf des Lebens und selbst ein „ekliger" Tausendfüßler mag für manchen Vogel einen erwünschten Leckerbissen darstellen und dies nach einem räuberischen Leben, in dem andere unerwünschte Insekten sein Opfer wurden. Sogar die gehaßten Blattläuse erfüllen ihren Zweck als Aufzuchtfutter für Jungvögel und nicht zuletzt für den geliebten Marienkäfer, der ausschließlich von ihnen lebt und ohne sie nicht existieren könnte. Nur, wenn ihre natürlichen Feinde fehlen, können sie sich so unmäßig vermehren, daß sie zu wahren Schädlingen werden.

Dies alles macht ein echtes Umdenken nötig, und wenn wir einen Garten ohne Tiere hätten, wäre der Zyklus so grundlegend gestört, daß auf die Dauer nichts mehr eine Überlebenschance hätte. Das Zusammenspiel von Pflanze und Tier muß gewahrt bleiben, und schließlich wäre eine Welt ohne Pflanzen ebenso undenkbar wie eine Welt ohne Tiere. Dabei kommt gerade den letzteren die Aufgabe zu, bewegtes Leben zu schaffen und auch auf die Dauer zu erhalten.

Leider verbietet der zur Verfügung stehende Raum eine umfassende Darstellung aller möglichen Tierarten, die Leben in unser Wohnbiotop bringen. So muß ich mich darauf beschränken, von allen Gruppen typische Vertreter vorzustellen. Doch das wird immerhin genügen, Ihr Interesse anzuregen, und wer mehr wissen will, dem steht eine Menge von Spezialliteratur zur Verfügung, die ihm helfen kann, sich weiterzubilden. Am Ende dieses Bandes finden Sie ein ausgewähltes Literaturverzeichnis, das den gesamten Bereich „Garten" umfaßt und es jedem ermöglicht, sein Wissen zu bereichern.

Doch bevor wir nun auf die Beschreibung der Tiere überlenken, möchte ich Sie auf einen kleinen Unterschied im Aufbau hinweisen. Wenn Sie die ersten beiden Bände gelesen haben, konnten Sie dort immer eine Einteilung nach verschiedenen Biotopen verfolgen. Dies hatte auch seinen guten Grund. Besser hätte man die Unterschiede in Anlage und Bepflanzung nicht darstellen können. Pflanzen bleiben auch immer an derselben Stelle und werden sich im allgemeinen nur in dem ihnen zusagenden Rahmen ausbreiten, wodurch der Biotop in seinen Grundzügen erhalten bleibt. Tiere hingegen verfügen über den Vorteil der freien Bewegung, und selbst wenn sie im allgemeinen bestimmte Lebensräume bevorzugen, können wir nicht davon ausgehen, daß sie ständig dort bleiben und keinen Schritt in eine eventuell anders geartete Umgebung tun werden. Freilich wird der Grasfrosch die feuchte Wiese als Aufenthaltsort lieben, doch zumindest bei Regenwetter können wir ihn überall finden. Eidechsen werden sich am liebsten in der Steinflur sonnen, doch man kann sogar im Moor die Zauneidechse finden, obwohl für diesen Lebensraum eigentlich ausschließlich die Mooreidechse zuständig wäre. Bienen und anderen Insekten dürfte es ziemlich gleichgültig sein, ob sie ihre Blütenbesuche im Trockenrasen oder am Waldrand vornehmen, und gar Vögel akzeptieren die Fernsehantenne als Aussichtspunkt ebenso wie den Wipfel eines hohen Baumes. Nur das Wasser kann weitgehend als geschlossener Lebensraum betrachtet werden, und dies wurde auch stets gebührend berücksichtigt.

Jede Aufteilung der Tiere, die wir bei uns erwarten können, in die einzelnen Biotope würde nur Verwirrung stiften, und somit soll das zoologische System, beginnend beim Einzeller bis hinauf zum Säugetier, zugrundegelegt werden. In letzter Konsequenz ergibt die Gesamtheit das Wohnbiotop, das wir uns wünschen.

Die Welt im Kleinen

Wir wollen unsere Betrachtungen ganz unten beginnen und uns zuerst einmal dafür interessieren, was der Boden an Lebendigem beherbergt. Mit dem bloßen Auge wird es uns immer verborgen bleiben, doch unter einem guten Mikroskop kommt auf einmal eine Vielfalt zum Vorschein, die kaum einer für möglich gehalten hätte. Freilich sind es zum größten Teil Einzeller, und darunter nehmen die Bakterien die erste Stelle ein. Doch auch Algen und Pilze liegen in hoher Zahl vor. Schließlich folgen Amöben, Geißeltierchen und Wimpertierchen und dann mit großem Abstand kleine Würmchen, Springschwänze und Milben.

Nur wenige davon zehren von den Wurzeln der Pflanzen und könnten damit vom menschlichen Standpunkt aus gesehen als Schädlinge eingestuft werden. Andere fristen ein räuberisches Dasein und bestreiten ihren Nahrungsbedarf auf Kosten an-

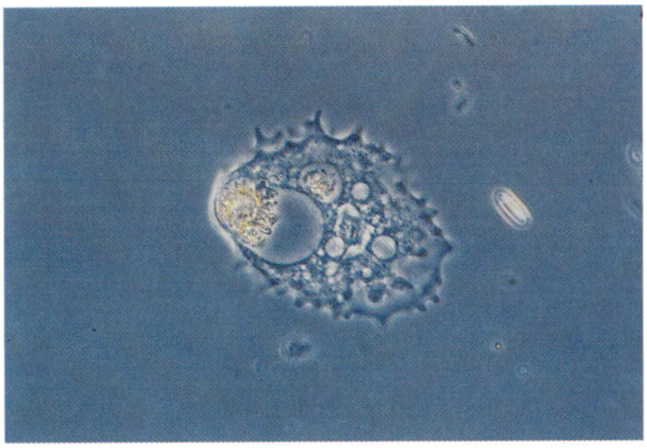

Eine Amöbe kann ihre Gestalt beliebig verändern.

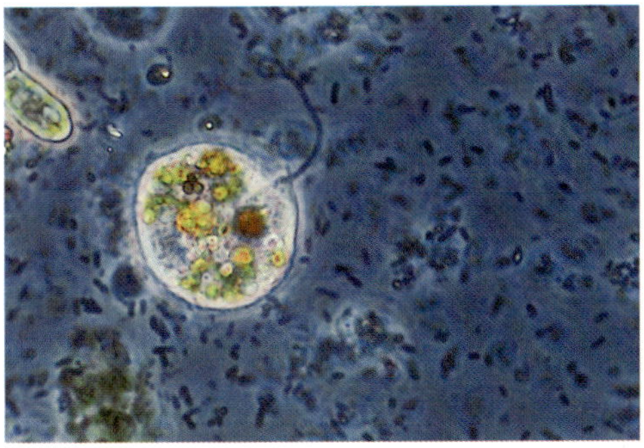

Das Geißeltierchen benutzt sein Anhängsel zur Fortbewegung.

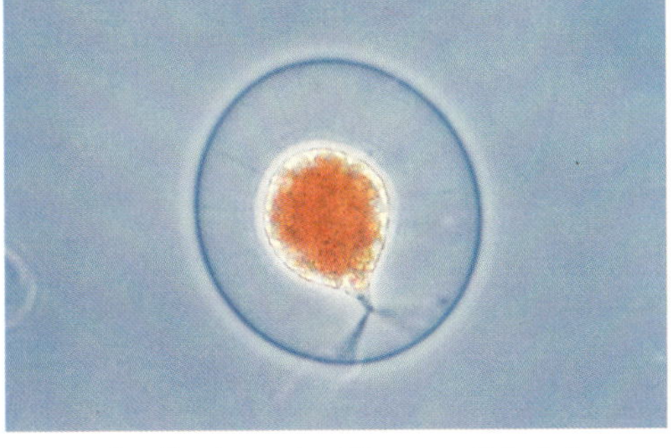

Dieser Flagellat kann das Wasser rötlich färben.

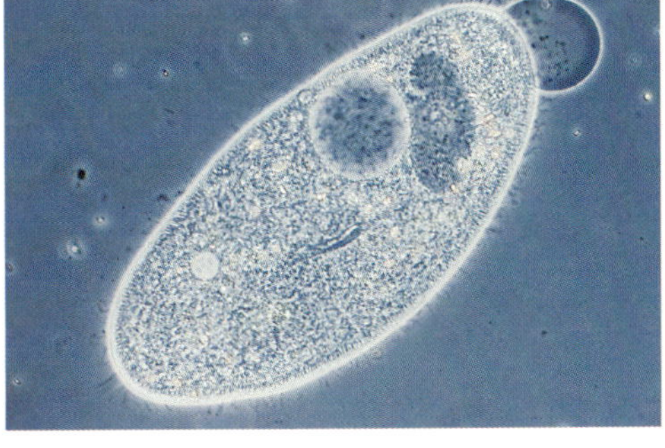

Das Pantoffeltierchen ist rundum bewimpert.

derer Mitbewohner dieses Lebensraumes. Der weitaus größte Teil jedoch dient der Aufarbeitung von organischem Abfall und hat somit die wichtige Aufgabe, den Boden gesund zu erhalten.

Andererseits müssen auch einige Bedingungen erfüllt werden, wenn der Boden reich an Mikroorganismen sein soll. Zunächst bedarf es einer lockeren, krümeligen Struktur mit entsprechenden Hohlräumen. Je mehr sich der Boden verdichtet, desto weniger wird er belebt sein. Kurz unter der Oberfläche herrscht die reichste Artenzahl, und schon in Tiefen von etwa 30 cm wird man kaum mehr sehr viel finden.

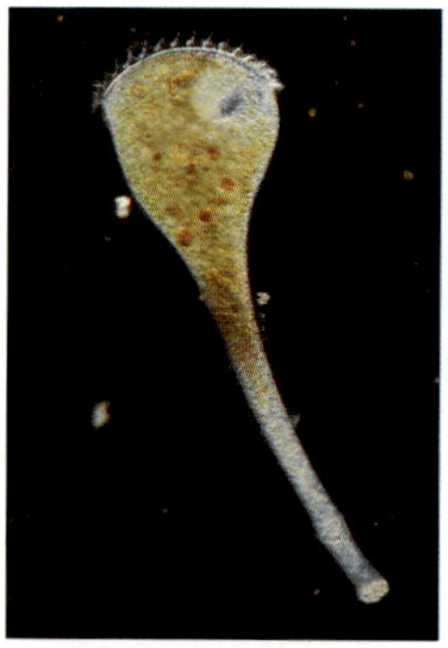

Eine weitere Voraussetzung stellt die dichte Pflanzendecke dar. Kahle Böden, die ungeschützt der Sonneneinstrahlung ausgesetzt bleiben, bergen nur wenig bis gar kein Leben. Dies wird durch mehrere Faktoren verursacht. Derartiger Boden trocknet schneller aus und verliert dadurch sein bröckeliges Gefüge, ganz abgesehen von der Tatsache, daß es sich bei dieser Mikrowelt meist um lichtscheue Organismen handelt, die sich schnellstens zurückziehen und gegebenenfalls unter solchen Bedingungen sogar absterben und einen unbelebten Boden mit all seinen Nachteilen hinterlassen. Der gewiefte Gärtner weiß sehr genau, warum er nackten Boden zwischen seinen Pflanzungen durch Torfmull oder Nadelstreu abdeckt. Diese Erfahrung werden auch wir uns zunutze machen und niemals nackten Boden der Sonne aussetzen, denn schließlich fördert ein reich belebter Boden das Wachstum der Pflanzen.

l: Das Trompetentierchen fällt durch seine Form auf.

u: Glockentierchen gehören zu den reizvollsten Mikroorganismen.

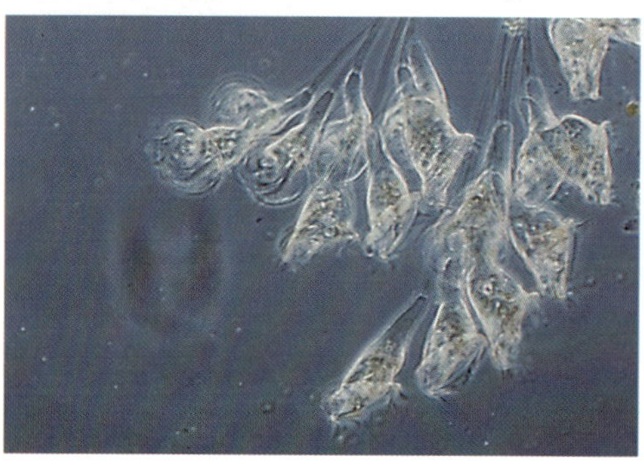

Nur am Rande sei vermerkt, daß außerdem weitgehend auf Düngung verzichtet werden sollte, denn auch die sogenannte „chemische Keule“ trägt nicht zum Wohlbefinden der Mikroorganismen bei. Vor allem Pilze reagieren besonders allergisch darauf, und auf diese wollen wir keineswegs verzichten.

Doch weg vom Boden und hin zum Wasser. Auch unser Teich bietet uns eine Menge von Mikroorganismen. Einige, wie Geißel- und Wimpertierchen, haben wir schon im Boden kennengelernt. Dazu kommen noch die Rädertierchen, die mit

Rädertierchen. Beim unteren Bild sind deutlich die Eisäcke zu sehen.

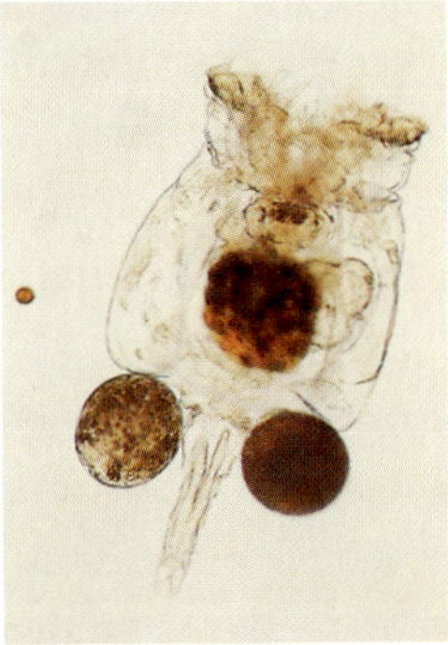

Hilfe eines Strudelmechanismus Wasser einsaugen und Verwertbares verarbeiten. Nicht vergessen werden sollen winzige, einzellige Algen, die sich oft in zauberhaften Formen präsentieren und nicht zu Unrecht als Zieralgen bezeichnet werden. Schließlich wären noch jene merkwürdigen Organismen wie *Volvox* und *Euglena* zu erwähnen, die systematisch weder voll zu den Tieren noch zu den Pflanzen gerechnet werden können: Übergangslebewesen zwischen zwei Reichen also, die einerseits über die Möglichkeit der freien Bewegung verfügen und sich andererseits durch die Einlagerung von Chlorophyll autotroph ernähren können. Manchmal kommt es zu einer Massenvermehrung, die das ganze Wasser grün färbt. Doch dies schadet nicht, und wenn man die Geduld aufbringt, einige Wochen zu warten, vergeht es meist völlig von selbst, weil die Entwicklung sich zu Tode läuft. Erschrecken Sie also nicht, wenn das Wasser Ihres Teiches einmal grün wird, es wird bestimmt keine ernsten Folgen haben.

Näher soll weder auf den lebenden Boden noch auf das lebende Wasser eingegangen werden. Diese wenigen Beispiele mögen genügen, um eine etwaige Vorstellung zu vermitteln.

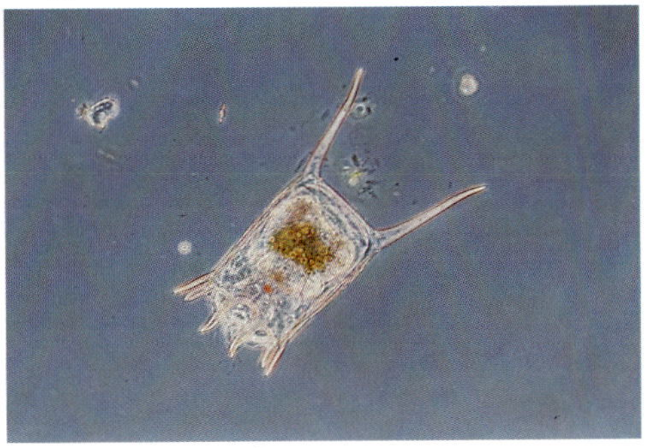

Dieses Rädertier hat eine eigenartige Gestalt.

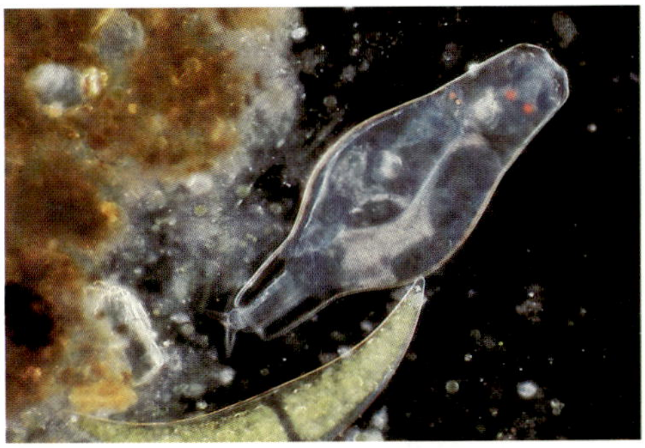

Ein Rädertier in flaschenförmiger Gestalt.

Kugelalgen stellen den Übergang von Pflanzen zum Tierreich dar.

Schnecken und andere Weichtiere

Das Merkwürdigste und zugleich Erwähnenswerteste ist die Tatsache, daß viele dieser Tiere Zwitter sind und sowohl männliche als auch weibliche Geschlechtsorgane in sich tragen. Sie können somit ebenso als Männchen wie auch als Weibchen fungieren.

Die Begattung beginnt mit einem Liebesspiel, wobei sich die Partner umkriechen und eine beachtliche Schleimschicht absondern. Schließlich liegen sie engumschlungen aneinander, so daß sich ihre Geschlechtsöffnungen berühren. Das Ausstülpen eines Liebespfeils, der in den Körper des Partners eingeschossen wird, leitet den eigentlichen Geschlechtsakt ein, der dann mehrere Stunden lang dauern kann. Normalerweise erfolgt die Eiablage etwa zwei Wochen nach der Kopulation, in Ausnahmefällen können aber die Spermien auch bis zu einem Jahr zurückgehalten werden, ohne ihre Fruchtbarkeit zu verlieren. So jedenfalls geht es bei der Weinbergschnecke vor sich. Es gibt zwischen den einzelnen Gattungen gewisse Unterschiede, die möglicherweise dazu geschaffen sind, Fremdbefruchtungen zu verhindern, doch im Prinzip ist der Vorgang immer derselbe.

Die Eier werden in Erdhöhlungen, in den Spalten verwitternden Holzes oder auch unter Steinen abgelegt. Die Jungen schlüpfen nach etwa sechs Wochen. Da die Eiablage mehrmals jährlich erfolgen kann, nimmt es nicht wunder, daß sich Schnecken ungezügelt vermehren, und darin liegt das Problem, auf das wir bedauerlicherweise später zurückkommen müssen.

Viele tragen ein Haus

Wollen wir gleich mit der Weinbergschnecke, *Helix pomatia,* beginnen. Ihr können wir unsere Sympathie nicht versagen, obwohl sie sich auch von pflanzlichem Material ernährt und uns damit Sorgen bereiten könnte. Merkwürdigerweise fallen jedoch die von ihr verursachten Schäden kaum auf, sei es, daß sie sich nicht auf besondere Leckerbissen spezialisiert hat, oder, daß sie einfach nicht häu-

Schnirkelschnecken fallen durch ihre bunten Gehäuse auf.

Die Weinbergschnecke gehört zu den größten Gehäuseschnecken, die unsere heimische Fauna bietet.

fig genug vorkommt, um uns ernstlich lästig zu werden. Auch natürliche Feinde dürften dazu beitragen, ihre Vermehrung in Grenzen zu halten, wie beispielsweise der Igel.

Schließlich muß sie sich ja für tierische Gaumen als wohlschmeckend erweisen, da sie bekannterweise auch zu den menschlichen Delikatessen zählt.

Während längerer Trockenperioden und auch zur Überwinterung verfügt sie über die Fähigkeit, vor der Gehäusemündung einen Schleimfilm abzusondern, der eintrocknet, schließlich dick und hart wird und so einen wirksamen Schutz bildet. Das Gehäuse der Weinbergschnecke kann vier Zentimeter in Breite und Höhe erreichen und manchmal sogar noch größer werden. Sie erweist sich damit als die größte Gehäuseschnecke unserer Heimat. Dieses dickwandige Haus hat eine breite Mündung, die von einem umgeschlagenen Saum begrenzt wird, ist cremefarbig bis hellbräunlich gefärbt und zeichnet sich durch eine grobe Bebänderung und durch feine Spirallinien aus.

Neben der Weinbergschnecke wären noch zwei andere haustragende Arten zu erwähnen, die Gartenschnirkelschnecke, *Cepaea hortensis,* und die Hainschnirkel-

Die kleine, unscheinbare Bernsteinschnecke liebt die Nähe des Wassers.

schnecke, *Cepaea nemoralis.* Diese Arten, die in Farbe und Bebänderung variieren können, sind in unseren Gärten viel häufiger beheimatet. Sie können im wesentlichen durch ihren Mundsaum unterschieden werden, der bei ersterer weiß und bei der zweiten braun erscheint. Auch diese Schnecken gehören zu den duldbaren Arten, weil sich zum einen die von ihnen verursachten Schäden in Grenzen halten und weil sie darüber hinaus so viele Freßfeinde haben: Igel und Spitzmäuse und sogar Vögel.

Vielleicht haben Sie sich schon einmal gewundert, wenn Sie um einen Stein herum eine Menge zerbrochener Schneckengehäuse gefunden haben und sich nicht erklären konnten, wie es zu dieser Ansammlung kam. Die Lösung dieses Rätsels liegt bei der Amsel. Dieser Vogel hat es gelernt, einen Stein als Amboß zu verwenden und mit kräftigen Schnabelhieben daran die Schneckenhäuser zu zerschmettern. Auch die Larve des Glühwürmchens kommt als Schneckenfeind in Betracht. Allerdings dürften es im wesentlichen Jungtiere sein, die sie überwältigen und mit einem Giftbiß töten kann.

Aus all dem Gesagten geht hervor, daß wir guten Gewissens die Gehäuseschnecken dulden können. Schließlich tragen sie auch durch ihre Gestalt und die bunten Farben ihrer Häuser zur Abwechslung in unseren Gärten bei. Eventuelle, in Grenzen gehaltene Schäden wollen wir dabei vergessen.

In der Nähe unseres Gartenteichs können wir auch gelegentlich noch die Bernsteinschnecke, *Succinea putris,* finden, deren gelbliches Gehäuse recht anziehend wirkt und die uns auch niemals lästig fallen wird. Natürlich gibt es auf feuchtem Holz unter dem Laub manch kleine Schnecke, doch es würde zu weit gehen, hier jede einzelne Art zu erwähnen.

DIE NACKTEN

Dies sind nun gewiß nicht unsere Freunde, auch wenn man normalerweise nichts gegen Schnecken einwenden will. Die Rote Wegschnecke, *Arion rufus,* müßte eigentlich nicht unbedingt die Bezeichnung „Rot“ führen, weil sie sich in der Färbung recht variabel gibt. Wir können ebenso wie rote auch braune, schwarze oder sogar gestreifte Exemplare finden. In ausgewachsenem Zustand können sie bis zu 20 cm lang werden. Eines haben sie alle an sich, sie entwickeln einen ungeheuren Appetit und können, wenn man ihnen nicht Einhalt gebietet, ganze Pflanzengesellschaften kahl fressen. Das Allerschlimmste ist dabei die Tatsache, daß sie eine bevorzugte Gier gerade nach den seltensten Pflanzen verspüren, und wenn sie gar Enziane, Orchideen oder andere ausgefallene Gewächse wittern, bleiben nur noch Stümpfe übrig. Merkwürdigerweise gehen sie auch mit Vorliebe an Silberdisteln, obwohl man glauben sollte, daß deren stachelige Blätter sie abhalten würden.

Als sie noch im Wald lebten und sich von Algen und verrottendem Material ernährten, dürften auch sie eine wichtige Aufgabe erfüllt haben. In unseren Gärten jedoch sind sie unerträglich.

Unglücklicherweise haben sie nahezu keine Freßfeinde. Offensichtlich entspricht ihr Geschmack kaum dem anderer Lebewesen. Nur in allergrößter Not wird eine Kröte oder ein Frosch eine derartige Schnecke verschlingen, wie ich selbst schon beobachten konnte. Auch die Larve des Glühwürmchens dürfte sich an ihr gelegentlich gütlich tun, doch kein Igel und erst recht kein Vogel wird sie jemals anrühren. Dabei vermehren sie sich so unmäßig, daß wir nicht umhinkönnen, gegen sie etwas zu unternehmen. Ich bin wirklich kein Freund von Giften und habe alles Mögliche versucht. Schließlich wußte ich mir nicht mehr anders zu helfen, als die besonders gefährdeten Pflanzen mit einem Sperrgürtel aus Schneckenkorn zu umgeben, um sie auf solche Weise zu schützen. In anderen Teilen des Gartens, wo sie keinen beträchtlichen Schaden anrichten können, lasse ich sie in Gottes Namen gewähren, doch ein freundschaftliches Verhältnis zu ihnen konnte ich bis heute nicht herstellen.

Meinen Erfahrungen nach scheint das Schneckenkorn besonders auf sie zu wirken. Nur selten fand ich Gehäuseschnecken, die an dieser Chemikalie verendet waren. Die toten Schnecken frißt ohnehin keiner, und ich konnte bisher niemals Vögel beim Aufpicken der Körner beobachten, so daß meiner Meinung nach ein Schaden an anderen Tieren kaum zu erwarten sein wird.

Ähnlich wie die Wegschnecke verhält sich auch die Genetzte Ackerschnecke, *Deroceras reticulatus,* die sich allerdings in unseren Gärten nicht so stark verbreitet hat. Wenn Sie eine Blüte finden, die am oberen Ende des Stengels angefressen ist und trostlos nach unten hängt, dann können Sie mit großer Wahrscheinlichkeit die Ackerschnecke verdächtigen. Doch auch sie reagiert auf Schneckenkorn.

Damit wäre alles Wichtige über jene Tiere gesagt, die sich als einzige Ausnahme bei mir unbeliebt gemacht haben und deshalb auch systematisch verfolgt werden.

SCHNECKEN UND MUSCHELN IM TEICH

Nahezu in allen Gewässern finden wir die Spitze Schlammschnecke, *Lymnaea stagnalis,* ebenso wie ihre kleinere Verwandte, die Ohrschnecke, *Radix auricularia.* Sie gehören ebenso wie die Landbewohner unter ihnen zu den Lungenschnecken. Sie besitzen ein als Lunge dienendes Gefäßnetz, das, wenn einmal mit Luft gefüllt, einen längeren Aufenthalt unter Wasser gestattet. Von Zeit zu Zeit sieht man sie mit dem Fuß nach oben an der Wasseroberfläche treiben, und diese Tätigkeit dient dazu, den Luftvorrat zu erneuern.

Normalerweise ernähren sich die Schlammschnecken von Algen und von abgestorbenem organischen Material, doch gehören zarte Wasserpflanzen auch auf ihren Speisezettel. Deshalb sollte man sich davor hüten, solche Schnecken in den Gartenteich einzubringen - sie sind praktisch nicht mehr zu entfernen. Absammeln bleibt als einzige Möglichkeit, doch inwieweit dies erfolgreich sein wird, mag sich jeder selbst ausrechnen.

Auf alle Fälle sollte man ihren Laich, der in wurstförmigen, gallertartigen Streifen häufig an der Blattunterseite von Seerosen angeheftet wird, so gut wie möglich beseitigen. Gerade diese Maßnahme ist wichtig, denn solange sie sich nicht unmäßig vermehren, werden sie den Wasserpflanzen keinen Schaden zufügen. Freiwillig sollte man sie niemals einsetzen, doch es scheint kaum vermeidbar zu sein, sie mit Wasserpflanzen einzuschleppen, und manchmal können auch Enten, die gelegentlich an unserem Teich zu Gast sein werden, solchen Laich mitbringen.

Andererseits gehören Schnecken wegen der Vertilgung von Algen zum Teich und verrichten so eine wichtige Aufgabe. Hier sei die Posthornschnecke, *Planorbis corneus,* und auch die außerordentlich flache Spiralige Tellerschnecke, *Anisus vortex,* empfohlen, die erfahrungsgemäß niemals an frische Pflanzen herangehen und somit unserem Teich nur zum Vorteil gereichen können. Alle Tellerschnecken verfügen, nebenbei gesagt, über roten Blutfarbstoff, der Sauerstoff im Blut bindet. Wenn man daher von roten Tellerschnecken spricht, so

Die Posthornschnecke ist im Teich als Algenvertilgerin nützlich.

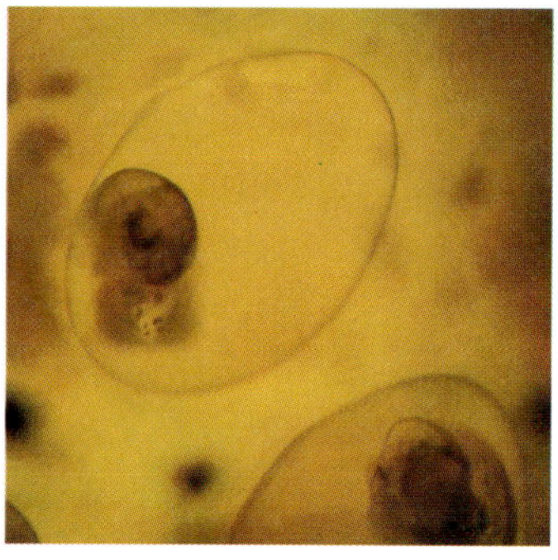

So sieht der Laich der Tellerschnecke aus.

o: Muscheln durchfiltern ständig das Wasser und tragen damit zu seiner Klärung bei.
u: Die Sumpfdeckelschnecke gebiert lebende Junge.

ist dies nicht etwa auf die Färbung des Gehäuses zurückzuführen, sondern auf den durchschimmernden Schneckenkörper. Ihr Laich ist im Gegensatz zu dem der Schlammschnecken fladenförmig und läßt sich ebenso unter Seerosenblättern finden.

Noch eine weitere Schnecke können wir unbesorgt in unseren Teich einsetzen. Es handelt sich um die Gemeine Sumpfdeckelschnecke, *Viviparus contectus*. Diese weidet nicht nur Algen ab, sondern ist auch durch eine besondere Einrichtung befähigt, das Wasser zu filtern und auf diese Weise ihren Nahrungsbedarf zu dekken. Sie kann sogar in extrem sauerstoffarmen Gewässern leben und sozusagen die Partie kurz unter der Oberfläche als Nahrungsquelle nutzen. Doch dies ist noch längst nicht alles. Diese Schnecke legt keinen Laich ab, sondern behält ihre Eier so lange im unteren Teil des Geschlechtsganges, bis die fertigen Jungtiere ausschlüpfen. Somit kann sie als lebendgebärend bezeichnet werden und nimmt als Besonderheit unter ihren Artgenossen einen exklusiven Platz ein.

Zuletzt wären noch ein paar Worte über die Teichmuschel, *Anodonta cygnaea*, zu sagen. Dieses Tier am Bodengrund durchpflügt den Schlamm. Dabei werden Partikel aufgewühlt und als Nahrung herausgefiltert. Sie kann in unseren Teichen ohne Schwierigkeiten existieren und erfüllt darüber hinaus durch die Filterung noch eine sehr wichtige Funktion. Einen Nachteil hat diese Muschel. Wenn man sie einmal eingesetzt hat, sieht man sie im allgemeinen nie wieder.

WÜRMER, GROSS UND KLEIN

Würmer gibt es unendlich viele, und auch in unseren Gärten findet man genug davon. Allein von den Regenwürmern kennt man 35 verschiedene Arten. Nur ein Spezialist kann sich hier noch zurechtfinden, und so soll hier stellvertretend für alle nur eine Art Berücksichtigung finden, der Gemeine Regenwurm, *Lumbricus terrestris.* Über seine Bedeutung für die Aufarbeitung und Gesunderhaltung des Bodens haben wir bereits ausführlich im ersten Band gesprochen, so daß hier eigentlich nur noch über die merkwürdige Art der Vermehrung zu berichten wäre. Regenwürmer sind Zwitter und haben ihre Geschlechtsorgane in den vorderen Ringen eingelagert. Die Hoden liegen dabei vor den Eierstöcken. Nach einem warmen Frühlingsregen, entweder am frühen Morgen oder am späten Abend, kriechen die Würmer aus ihren Röhren und legen sich so aneinander, daß die Kopfenden in verschiedene Richtungen weisen. Dabei krallen sie sich mit den Bauchborsten fest in die Bauchseite des Partners. Durch Schleimausscheidungen bildet sich eine beide Tiere um-

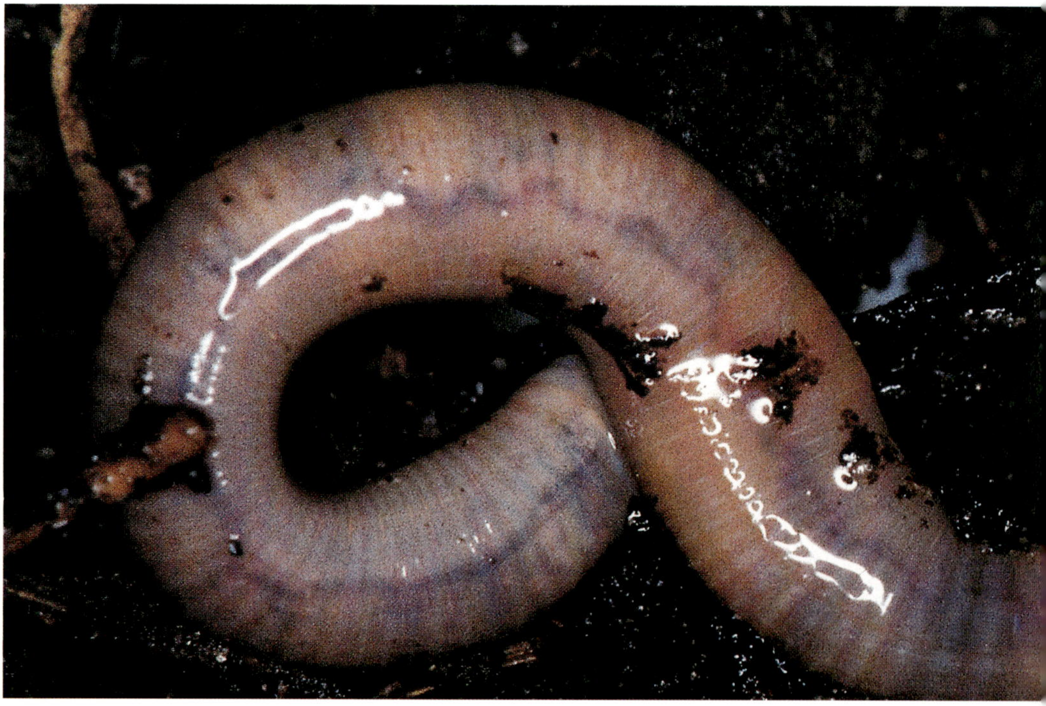

hüllende Röhre, und der Samen wird jeweils in die entsprechende Tasche des Partners geleitet. Dieser Vorgang dauert zwei bis drei Stunden.

Zur Eiablage wird dann wiederum ein Schleimrohr gebaut, und während sich der Wurm aus diesem Rohr zurückzieht, werden sowohl das Ei als auch der Samen des Partners abgestreift. Das Schleimrohr erhärtet nun zur Eikapsel, und erst jetzt wird das Ei durch den Samen befruchtet. Nach drei bis fünf Wochen verläßt der junge Wurm die Kapsel und beginnt sofort sein verstecktes Leben. Ergänzend wäre allenfalls zu bemerken, daß der gemeine Regenwurm jeweils ein Ei ablegt, bei anderen Arten jedoch können es zwei bis fünf sein. Im Komposthaufen kann man gelegentlich den Mistwurm, *Eisenia foetida,* antreffen, der nicht so groß wird und sich durch rötlich-braune Querbinden auf jedem Segment auszeichnet. Denselben Lebensraum bevorzugen auch die weißen Enchytraeen, *Enchytraeus albidus,* wobei sie sich allerdings mehr in der fertigen Komposterde aufhalten als in unzersetztem Material. Sie erfüllen in kleinem Maße dieselben Aufgaben wie der Regenwurm, also müssen sie sogar nach unserer willkürlichen Aufteilung als „nützlich" eingestuft werden.

Im Gartenteich findet man den Schlammröhrenwurm, *Tubifex tubifex.* Diese roten Würmchen ernähren sich von organischen Resten des Schlammes und ragen meist mit der Hälfte ihres Körpers in das freie Wasser hinaus. Bei Störungen jedoch ziehen sie sich blitzschnell wie auf Kommando in ihre Röhren zurück, die aus Hautschleim und Schlamm bestehen. Man kann aus ihrem Verhalten Rückschlüsse auf den Sauerstoffgehalt des Wassers ziehen: Je sauerstoffärmer es ist, desto weiter ragen sie heraus und desto heftiger strudeln sie.

Die beiden letztgenannten Würmer gelten auch als beliebtes Aquarienfischfutter.

Regenwürmer gehören zu den wichtigsten Tieren im Garten. Sie sorgen laufend für die Verwertung organischen Materials.

Spinnen, kein Grund sich zu ekeln

Hier gilt es zunächst einmal, eine Lanze für diese allgemein wenig geschätzten Tiere zu brechen. Wenn man von ihrer Ernährung ausgeht, muß schon wieder das Wort „nützlich" verwendet werden, denn es ist kaum in Zahlen auszudrücken, wie viele Insekten - und dabei meistens Fliegen - von ihnen im Laufe eines Spinnenlebens vertilgt werden. Allein dafür müßten wir diesen Tieren dankbar sein, wobei auch nicht vergessen werden sollte, daß sie selbst für viele Vögel einen ausgesprochenen Leckerbissen darstellen. Das Wort „Nahrungskette", dessen Bedeutung gar nicht hoch genug eingeschätzt werden kann, wird gerade durch dieses Beispiel anschaulich.

Freilich gibt es unter ihnen Vertreter, die nur düstere Farben zeigen und damit nichts Besonderes für das Auge bieten. Hier wiederum sollte es das Verhalten sein, das unser Interesse weckt. Andere aber erstrahlen in leuchtenden Farben, und es bedarf schon eines großen Unverstandes und eines noch größeren Vorurteiles, ein derartiges Lebewesen als häßlich zu bezeichnen.

Zugegeben, manche Spinnen können heftig beißen! Es verlangt aber auch niemand von uns, sie in die Hand zu nehmen und zu streicheln. Nur zur Verteidigung bedienen sie sich ihrer Zangen, und das kann man als ihr gutes Recht verstehen.

Besonders ein Verhaltensmuster soll hervorgehoben werden: Das Hochzeitszeremoniell. Meist ist das Männchen wesentlich kleiner als das Weibchen. Es nähert sich in der entsprechenden Stimmung ganz vorsichtig seiner Angebeteten und versucht, nach der Erfüllung seiner Pflichten, auf schnellstem Weg das Weite zu suchen - um nicht gefressen zu werden. Der Verlust eines Beines ist im allgemeinen das mindeste, was es zu beklagen hat, wenn es überhaupt mit dem Leben davonkommt.

So könnte man einleitend noch manches berichten, doch dies dürfte zu weit führen, wenn Platz bleiben soll zur Beschreibung einiger besonders herausragender Vertreter dieser interessanten Tiergruppe.

Baumeister kunstvoller Netze

Wenn im Spätsommer Sträucher und Gebüsche von horizontalen Netzen überzogen sind, die im Morgentau glänzen, dann können Sie sicher sein, daß eine Baldachinspinne, vermutlich deren häufigste, *Linyphia triangularis,* als Baumeister gelten kann. Es ist dies eine kleine Spinne mit einem aufgewölbten Hinterkörper, dessen Rücken eine blattähnliche Zeichnung aufweist. Der dunkle Bauch bildet einen deut-

Die Baldachinspinne legt horizontale Netze an.

lichen Kontrast zu der helleren Oberseite. Dies hat seinen guten Grund, weil dieses Tier stets mit dem Bauch nach oben gekehrt unter dem Netz hängt. So kommt eine wirksame Tarnung zustande. Blickt man oben auf das Netz, bildet der dunkle Bauch nur wenig Kontrast zum Boden. Von unten gesehen, verhält es sich genau umgekehrt, weil der helle Rücken gegen den Himmel verschwimmt. Auf solche Weise versteht es die Spinne, sich ungeübten Blicken zu entziehen.

Über dem baldachinartig gespannten Netzteppich befindet sich ein Gewirr von Fäden, deren Aufgabe darin besteht, fliegende Insekten zum Absturz zu bringen und sich im Netz zu verfangen. Die lauernde Spinne ergreift nun ihre Beute von unten durch das Netz hindurch.

Die horizontale Bauart kann als Ausnahme gelten, da die meisten Spinnen ihre Netze vertikal anbringen. Dies trifft vor allem auf die vielen Kreuzspinnen zu, von denen die Gartenkreuzspinne, *Araneus diadematus,* bei uns zweifelsohne am häufigsten beobachtet werden kann. In bezug auf den Standort erweist sie sich als nur wenig wählerisch. Gebäudeecken nimmt sie ebenso an wie Gebüsche, das heißt also mit anderen Worten, daß man sie nahezu überall finden kann. Wir kennen etwa 50 verschiedene Arten, bei denen immer die wesentlich größeren Weibchen vornehmlich durch ihre auffällige Zeichnung leicht zu unterscheiden sind. Für die Bestimmung der unscheinbaren Männchen dagegen muß man auf die Kenntnisse eines Spezialisten zurückgreifen.

Die Gartenkreuzspinne macht sich durch die Vertilgung vieler lästiger Insekten nützlich.

o: Die Vierpunkt-Kreuzspinne fällt durch ihren aufgeblähten Hinterleib auf.
u: Spinnen können in vielen Farbvarianten auftreten. Hier ein gelbliches Exemplar der Gartenkreuzspinne.

Der Name „Kreuzspinne" wurde durch die Tatsache geprägt, daß das Weibchen am Rücken eine Zeichnung trägt, aus welcher sich immer, und sei es manchmal nur mit viel Phantasie, ein Kreuz herauslesen läßt. Auf die Färbung kann man sich weniger verlassen. Alle diese Spinnen neigen zum Variieren, und allein von der Gartenkreuzspinne gibt es graue, braune oder auch gelbe Individuen.

Meist sitzt das Tier während des Tages bewegungslos in der Mitte des Netzes und wartet dort auf Beute. Hat sich eine Fliege in den Fäden verfangen, eilt die Spinne herbei und umwickelt das Opfer mit einem dichten Gespinst, um es dann in Ruhe aussaugen zu können.

Bei trübem oder gar bei regnerischem Wetter werden wir die Kreuzspinne vergeblich in der Mitte ihres Netzes suchen. Sie verbringt solche Tage in einem seitlich vom Netz angelegten Versteck, in das sie sich auch bei Gefahr behende zurückzieht.

Auch die Vierfleck-Kreuzspinne kommt in verschiedenen Farben vor.

Im Herbst bildet das Weibchen gelbe Eikokons, in welchen die Jungtiere bis zum Frühjahr ausharren. Den nächsten Winter überdauern sie in halbwüchsigem Zustand, um dann schließlich im zweiten Jahr erwachsen zu sein.

Um nur einige andere Arten zu nennen, käme in erster Linie die Vierfleck-Kreuzspinne, *Araneus quadratus,* in Frage, die wegen ihres aufgetriebenen Hinterleibes massiger erscheint. Die Färbungspalette zeigt sich hier noch unterschiedlicher. Wir kennen weiße, dunkelbraune, grüne und sogar rote und orangefarbene Exemplare. Im Gegensatz zu der Gartenkreuzspinne finden wir dieses Tier nur selten im Netz, da es den Tag in einem danebenliegenden, kunstvoll gesponnenen Schlupfwinkel, der sogenannten Retraite, verbringt. Ihre Entwicklung erfolgt einjährig.

Vielleicht sollte noch die kleinere Brückenkreuzspinne, *Araneus sclopetarius,* erwähnt werden und auch die kleinste von allen, die Herbstspinne, *Meta segmentata,* und schließlich die Kürbisspinne, *Araneus curcurbitinus.* Dann können wir uns der zweifellos schönsten Spinne, der Wespenspinne, *Argiope bruennichi,* zuwenden, die sich erfreulicherweise in den letzten Jahren immer mehr ausgebreitet hat.

Dieses prachtvolle Tier mit seiner gelbschwarzen, an eine Wespe erinnernden Rückenzeichnung legt seine Netze unmittelbar über dem Erdboden an. In bezug

Die Kürbisspinne hat einen gelbgrünen Hinterleib.

Die schönste Spinne unserer Heimat können wir in der Wespenspinne sehen.

Langgestreckt wirkt die Streckerspinne auf einem Schilfblatt fast unsichtbar.

auf den Standort zeigt es sich sehr variabel und nimmt mit trockenem Gelände ebenso vorlieb wie mit feuchtem. Wir können es gelegentlich sogar in der Umgebung unseres Teiches finden. Das Weibchen bildet im Herbst einen birnenförmigen Eikokon. Die Jungen schlüpfen noch im gleichen Jahr und überwintern in diesem Gespinst. Erst im Mai des folgenden Jahres verlassen sie ihren Schutzraum und erreichen bereits im Sommer die Größe des erwachsenen Tieres. Diese Spinne stellt eine echte Bereicherung unserer Gartenfauna dar.

SPINNEN AM WASSER

Die Wespenspinne soll zu denjenigen überleiten, die wir häufig in der Umgebung unserer Teiche und auf der Wasseroberfläche oder sogar unter Wasser finden können. Als eine der häufigsten gilt die Streckerspinne, *Tetragnatha extensa,* die eigentlich an keinem Teich fehlt, wenn ihr Rohrkolben oder Ähnliches geboten werden, zwischen denen sie ihre Netze ausspannen kann. Freilich sind diese keinesfalls so kunstvoll wie die der Kreuzspinnen, doch das Tier wirkt allein durch seine Haltung äußerst interessant: Die relativ langen Beine werden in Ruhestellung nach hinten und vorne ausgestreckt und machen die Spinne, wenn sie so auf einem Pflanzenstengel aufliegt, nahezu unsichtbar. Der flockige Eikokon wird an Pflanzenteile an-

Trotz ihrer unterschiedlichen Gestalt gehört diese Spinne auch in die Familie der Streckerspinnen.

geheftet. Erwachsene Tiere können wir von Juni bis September finden. Von den Streckerspinnen kennt man mehrere Arten, vor allem auch die Gattung *Pachygnatha,* deren häufigster Vertreter, *Pachygnatha clercki,* sich durch den kurzen aufgetriebenen Hinterleib unterscheidet. Nur junge Individuen bauen Netze, ausgewachsene Tiere sparen sich diese Arbeit und jagen am Boden.

Oft finden wir auch am Gewässerrand die Piratenspinne, *Pirata piraticus.* Meist hält sie sich in der Ufervegetation auf, scheut sich aber nicht, die Wasserfläche zu betreten und gelegentlich sogar zu tauchen. Ihr Körper zeigt eine hellbraune Färbung, und sie kennzeichnet ihren Kopfteil durch ein V-förmiges Zeichenmuster. Der Hinterleib fällt durch paarige, in zwei Reihen angeordnete weiße Punkte auf.

Mit 6-8 mm Körpergröße gehört sie zu den kleineren und vielleicht auch häufig übersehenen Arten.

Da macht es uns die Gerandete Jagdspinne, *Dolomedes fimbriatus,* schon leichter. Sie gilt als die größte heimische Spinne und kann einen bis zu 2 cm langen Körper ausbilden. Sowohl der Vorder- als auch der Hinterkörper sind nach außen von einem breiten, weiß-gelblichen Streifen begrenzt. Diese Spinne lebt bevorzugt in Mooren oder in Bruchwäldern unmittelbar am Rande von Gewässern. Oft läuft sie über den Wasserspiegel und verfügt sogar über die Fähigkeit, gelegentlich zu tauchen. Sie kann ziemlich große Beute überwältigen, und es wird berichtet, daß ihr sogar ein kleiner Frosch erliegen kann. Doch dies dürfte wohl eine Ausnahme sein. Die Weibchen bilden runde Kokons, die oftmals mehr als hundert Eier enthalten, und wandern mit diesen umher. Die Jungen schlüpfen noch im selben Jahr und werden dann in einem kuppelförmigen Gespinst

Die Jagdspinne gehört mit 2 cm Körperlänge zu den größten Spinnen, ihr Lebensraum ist in Wassernähe.

verwahrt, wobei die Mutter bis zur ersten Häutung der Jungtiere in der Nähe bleibt. Diese Spinne ist in der letzten Zeit sehr selten geworden, und wir dürfen uns glücklich schätzen, wenn sich dieses eindrucksvolle Tier an unserem Teich einfindet.

Doch nun wollen wir über die einzige Spinne unserer Fauna sprechen, die völlig unter Wasser lebt. Es handelt sich um die Wasserspinne, *Argyroneta aquatica.* Das Tier verfügt über eine gefiederte Behaarung, welche es durch darin festgehaltene Luft silbrig glänzend erscheinen läßt. Der Luftvorrat wird von Zeit zu Zeit durch Herausstrecken des Hinterleibes aus dem Wasser ergänzt, und dann wird die Luft so lange in die Unterwasserwohnung eingebracht, bis sich diese gefüllt hat. Die erste Anlage dieses Gespinstes erfolgt horizontal, doch durch den ständigen Auftrieb mittels der Luft wölbt es sich nach oben, bis eine richtige Taucherglocke entsteht. Von dieser führen Gespinstfäden in alle Richtungen, die das Tier auf Beute aufmerksam machen, welche dann ergriffen und in der Taucherglocke in Ruhe verzehrt wird.

Auch Häutung, Paarung und Eiablage finden innerhalb einer Glocke statt, wobei allerdings verschiedene Gebilde angelegt werden und nur ein besonders hohes zur Eiablage dient. Hierin werden die Jungen zunächst von einem Kokon umschlossen und schlüpfen nach zwei bis drei Wochen unbehaart. Anschließend an die erste Häutung bildet sich die Körperbehaarung, und nunmehr können die Jungen das Nest verlassen, nachdem sie bis zu diesem Zeitpunkt von der Mutter bewacht wurden. Manchmal verzichtet diese Spinne gänzlich auf den Bau einer Glocke und begnügt sich mit leeren Schneckengehäusen. Als Besonderheit sei vermerkt, daß bei der Wasserspinne das Männchen größer als das Weibchen wird, was bekanntlich bei Spinnen als seltene Ausnahme gelten kann.

AUFFÄLLIG UND BUNT

Gelegentlich sitzen in Blüten auffallend gefärbte Spinnen. Auffallend werden sie aber erst, wenn man sie aus der Blüte herausnimmt. Solange sie dort thronen, verstehen sie es, sich so dem Untergrund der Blütenfarbe anzupassen, daß sie darin verschwimmen und nur das geübte Auge sie entdecken kann. Die Farbe schwankt zwischen leuchtend gelb, gelbgrün und weiß, und damit haben diese Spinnen eine perfekte Mimikry entwickelt. Kommt nun ein Insekt, um die Blüte zu besuchen, wird es unverzüglich von diesem Tarnkünstler ergriffen und verspeist.

Es handelt sich um die Krabbenspinne, *Misumena vatia,* und diese Anpassungsfähigkeit kommt folgendermaßen zustande: Sie hat in ihren Epidermiszellen einen flüssigen gelben Farbstoff eingelagert, der durch Verfrachtung in das Körperinnere

o: Die Krabbenspinne, die sich bevorzugt in Blüten aufhält, ist zu einer perfekten Mimikry befähigt.
r: Die Huschspinne fällt durch ihre leuchtend grüne Farbe auf.

erst einem Gelbgrün und schließlich einem Weiß Platz macht. Allerdings sind nur die bis zu 1 cm großen Weibchen zu dieser Verwandlung fähig, die kleineren Männchen kommen ohne diese Raffinessen aus.

Man kann sich gut vorstellen, daß diese Spinnen vor allem während der Blütezeit niemals Not leiden. Das oben beschriebene Tier ist nicht das einzige. Die gesamte Familie umfaßt etwa 40 verschiedene Arten.

Ein weiteres Beispiel für leuchtende Farbe finden wir in der grünen Huschspinne, *Micromata rosea,* die in dem Ruf steht, eine

Die Listspinne jagt am Boden. Besonders interessant zeigt sie sich in ihrem Hochzeitszeremoniell.

der schönsten und auffälligsten Spinnen unserer Heimat zu sein. Beim Weibchen sticht an Körper und Beinen eine grasgrüne Färbung hervor, während das Männchen sich mit einem gelben Hinterkörper auszeichnet, der durch einen karminroten Strich in zwei Teile getrennt wird. Vor allem das Weibchen ist durch seine Färbung der Vegetation so angepaßt, daß es kaum wahrgenommen werden kann.

Nach der Paarung webt das Weibchen einige Blätter zusammen. So entsteht eine Wohnung, in der es seinen Kokon bewacht. Zur Brutpflegezeit zeigt sich diese Spinne bei jeder Störung recht angriffslustig. Die Giftwirkung eines eventuellen Bisses hält sich aber in Grenzen. Doch sei es, wie es wolle, es dürfte besser sein, sie nicht anzufassen, was auch im allgemeinen nicht nötig sein wird. Es genügt, sich an ihrer leuchtenden Farbe zu erfreuen.

Auch die Kräuselspinne, *Nigma walckenaeri,* gehört zu den schön Gefärbten. Man erkennt sie an ihrem gelbgrünen Kopf und einem leuchtend grünen Hinterleib. Die Färbung der Beine gleicht etwa der des Kopfes. Diese Spinne bevorzugt Kletterpflanzen als Lebensraum, vor allem, wenn sie sich nach Süden ausrichten. Am Ansatz von Blättern webt sie sich ein nach beiden Seiten offenes Versteck, von dem zickzackförmige Fangfäden auslaufen. Meist gehen ihr Stubenfliegen ins Netz.

Längst nicht so leuchtend gefärbt - ein bescheidenes Grau bis Hellbraun dient als Grundfarbe -, doch auffallend durch ihr Verhalten ist die Listspinne, *Pisaura mirabilis:* Das Hochzeitszeremoniell beginnt damit, daß das Männchen eine erbeutete Fliege in ein dickes Gespinst wickelt und sich mit diesem Paket vorsichtig dem Weibchen nähert. Dieses nimmt das Geschenk an, und während es die Fliege genüßlich aussaugt, vollzieht das Männchen, geschützt durch jenes Ablenkungsmanöver, die Begattung und zieht sich ungefährdet zurück, bevor das Weibchen seine Mahlzeit beendigt hat. Auf dieses Verhalten gründet sich der deutsche Name „Listspinne".

Die mit den langen Beinen

Sie werden es sicher schon ahnen, daß nun der Weberknecht, *Opilio parietinus,* an der Reihe ist. Die Bestimmung dieser Tiere gestaltet sich recht schwierig, und ich weiß deshalb auch nicht, ob das von Ihnen entdeckte tatsächlich der oben angeführten Art angehört. Für das ungeübte Auge sind sie kaum auseinanderzuhalten, wir tun gut daran, keine Versuche einer näheren Bestimmung zu unternehmen.

Genau kann man sehen, daß Kopf und Hinterleib zu einem Gesamtkörper verschmolzen sind, wodurch diese Gruppe deutlich von anderen Spinnentieren abgetrennt wird. Weberknechte leben an Mauern, im Gebüsch, im Gewirr von Schlingpflanzen und nicht zuletzt auch innerhalb des Hauses.

Merkwürdig mutet es an, daß sie bisher noch so wenig erforscht sind. Offenbar ist man sich nicht einmal richtig klar darüber, wovon sie sich ernähren. Kleinsttierchen zählen bestimmt zu ihrem Speiseplan, aber ob sie auch an Pflanzen gehen, wie vielfach behauptet wird, mag bezweifelt werden. Eines jedoch kann man mit Sicherheit sagen: Schaden werden sie nicht anrichten.

Sehr interessant ist der Mechanismus ihrer Beine: Sie können bei Gefahr eines oder auch mehrere abwerfen und damit einen Angreifer verwirren, zumal das Bein auch nach dem Abwurf noch Zuckungen vollführt. Allerdings muß einschränkend gesagt sein, daß es nicht mehr nachwächst.

Auch die Hausspinne hat das Recht, mit uns unter einem Dach zu wohnen.

Doch wenn man über acht Beine verfügt, kann man wohl auf eines verzichten.

Die Aufzählung der Spinnen wäre nicht annähernd ausreichend, wenn man auf die häufigste und jedermann bekannte Hausspinne, *Tegenaria atrica,* verzichten wollte. Überall, auf Balkonen, in Kellern und auch in der Wohnung selber kann man sie finden, und selbst ich mußte lange darum kämpfen, bis ich endlich alle meine Mitbewohner davon überzeugt hatte, daß es nicht angebracht sei, diese Tiere einfach mit dem Staubsauger einzusaugen. Ich habe die Spinnen geradezu unter „Naturschutz“ stellen müssen und gestatte bestenfalls, daß sie eingefangen und ins Freie gebracht werden. Die Hausspinne erreicht ein Alter von bis zu sieben Jahren und erfüllt zweifelsohne die Aufgabe, lästige Fliegen kurzzuhalten.

Sie baut trichterförmige Netze, an deren Ende sie sitzt und lauert, ob nicht ein unvorsichtiges Insekt sich in den Fäden verfängt. Vor allem im Keller sollte man sie ungestört gewähren lassen, denn auch Asseln und Silberfischchen, die sich dort gerne ansiedeln, gehören auf ihren Speiseplan. Damit es nicht so ungepflegt aussieht, kann man immer wieder einmal die Netze entfernen, aber die Spinnen selbst sollte man nicht weiter belästigen. Sie haben sich als treue Hausgenossen erwiesen und tun niemand etwa zuleide - mit Ausnahme der Tiere, die ihnen als Nahrung dienen.

Weberknechte haben einen kleinen, ungeteilten Körper und dafür besonders lange, dünne Beine.

Die Welt der kleinen Krebse

Eigentlich sollten wir zunächst über den Flußkrebs sprechen, aber da kaum erwartet werden kann, daß Sie solche Tiere in Ihrem Teich halten, kann eine eingehende Beschreibung entfallen. Es wird daher genügen, uns auf die Kleinkrebse zu beschränken, die in jedem Gewässer vorkommen.

Auch Wasserflöhe sind Krebse

Manchmal, oft schon im April, sehen wir bei sonnigem Wetter winzige Tierchen in Schwärmen durch das Wasser unseres Teiches ziehen. Es handelt sich dabei um kleine Krebschen aus der Ordnung der Muschelkrebse, *Ostracoda*. Es gibt allein im Süßwasser an die 100 verschiedene Arten, und die Bestimmung ist nur einem Spezialisten möglich. Normalerweise leben sie am Boden und ernähren sich von verwesenden organischen Stoffen. Vielleicht könnte man sie als eine Art Gesundheitspolizei bezeichnen. Auf jeden Fall sind sie in unserem Teich willkommen.

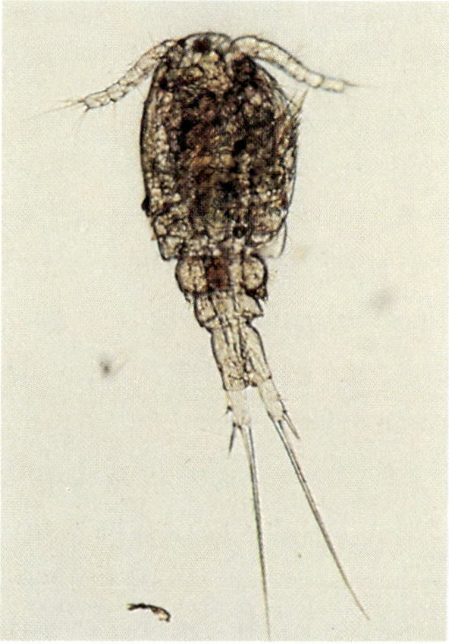

o: Muschelkrebse schützen sich durch eine zweiklappige Schale.
r: Wie schon der Name sagt, bewegen sich Hüpferlinge hüpfend durch das Wasser.

Schon die Larve verfügt über eine zweiklappige Schale, und wenn man diese Tierchen unter dem Mikroskop betrachtet, ensteht der Eindruck einer winzigen Muschel, aus der die Antennen eines Krebschens hervorragen. Der Name „Muschelkrebs“ scheint hiermit sehr zutreffend gewählt zu sein. Sie schwimmen nur, wenn die Sonne auf das Wasser strahlt, und werden dazu durch die beiden Antennenpaare befähigt, die gleichzeitig nach rückwärts schlagen.

Die Vermehrung kann sowohl auf sexuellem Wege als auch durch Jungfernzeugung erfolgen. Die Eier werden einzeln oder auch in kleinen Gelegen abgegeben. Vor der Entwicklung des Keimes müssen diese eine Ruhepause einhalten. Nach neunmaliger Häutung kann das Tierchen als erwachsen betrachtet werden. Meist finden wir auch Ruderfußkrebse oder Hüpferlinge aus der Gattung *Cyclops,* wenn wir uns genauer in unserem Teich umsehen. Da diese Kleinkrebse sich bevorzugt dem Licht zuwenden, haben wir an sonnigen Tagen immer die beste Möglichkeit dazu. Sowohl für die Muschelkrebse als auch für die Hüpferlinge benötigt man, um Einzelheiten zu sehen, ein Mikroskop oder wenigstens eine starke Lupe. Diese Kleinkrebse können recht gut schwimmen; ruckartige Stöße führen zu einer bogenförmigen Fortbewegung, weshalb auch der Name „Hüpferling" geprägt wurde. Die Vermehrung erfolgt ausschließlich durch befruchtete Eier. Zunächst klammert sich das Männchen mit seinen Antennen am Hinterleib des Weibchens fest. Dann holt es mit einem zangenartigen Bein ein längliches Spermapaket aus seinem Samenleiter und heftet es nahe der weiblichen Geschlechtsöffnung an. Bei Austritt der Eier werden diese befruchtet und vom Weibchen längere Zeit in einem Eisäckchen mitgeführt. Die Eier können sich je nach den Umständen sofort entwickeln oder legen eine längere Ruhepause ein, um so zu Dauereiern zu werden. Solche Eier sind dann sogar imstande, eine Trockenperiode zu überstehen.

Auf diese Weise und durch die Tatsache, daß erwachsene Tiere eine Cyste bilden können, die sie nicht nur vor Trockenheit, sondern auch vor Frost schützt, können diese Minikrebse sogar kleinste Wasseransammlungen besiedeln.

Aus den Eiern schlüpfen Larven, die Nauplien genannt werden und die dann zwölf Häutungen durchstehen müssen, um schließlich ihre endgültige Körperform zu erlangen.

Dann wären noch die Wasserflöhe aus der Gattung *Daphnia* zu nennen, von der eine Unzahl von Arten bekannt ist. Von all den anderen Gattungen soll nur *Bosmina* erwähnt werden, weil diese durch eine rüsselartige Ausstülpung am Kopf den Vergleich mit einem mikroskopisch kleinen Elefanten nahelegt. Am häufigsten findet man Wasserflöhe in der pflanzenreichen Uferzone von Gewässern aller Art. Ihre hüpfende, flohartige Fortbewegung hat ihnen den Namen „Wasserfloh" eingebracht, obwohl sie ansonsten mit Flöhen nichts zu

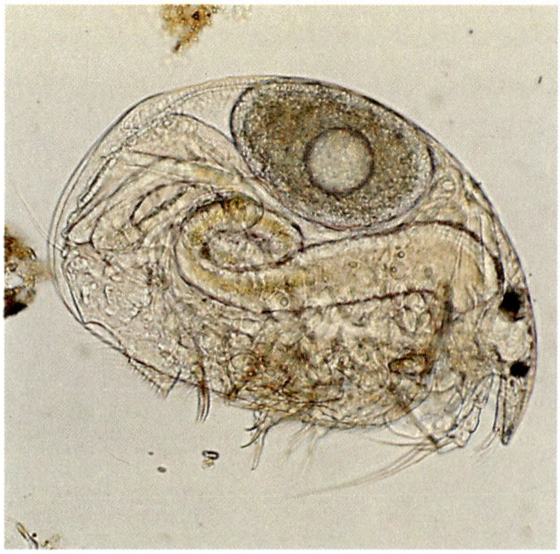

Diese Wasserflohgattung fällt durch einen kleinen Rüssel auf.

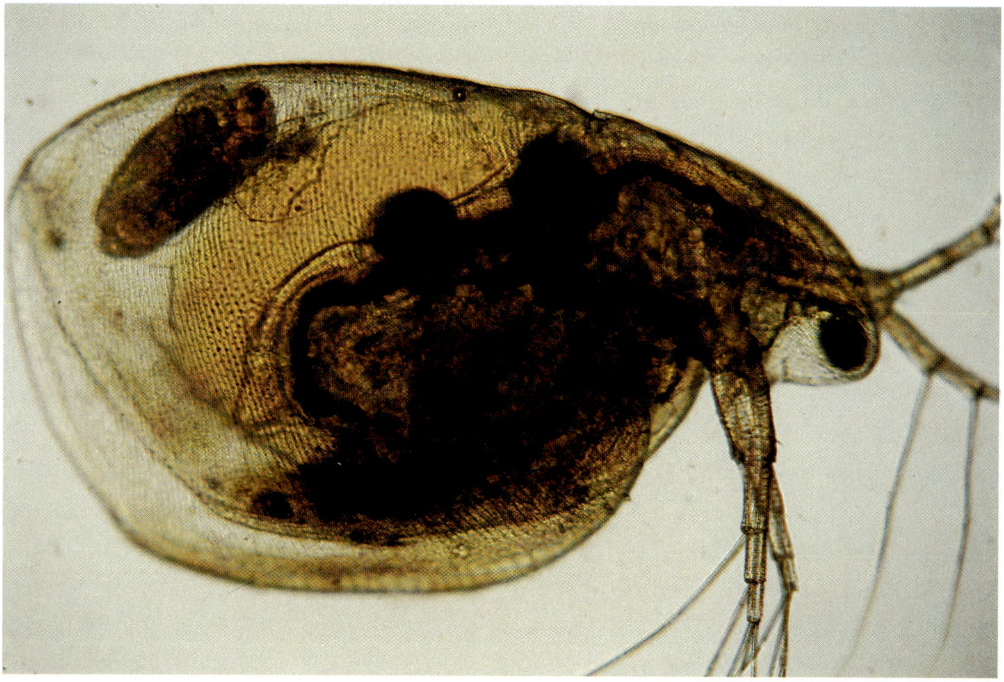

Wasserflöhe gehören zu den wichtigsten Bewohnern eines Teiches. Sie halten nicht nur das Wasser sauber, sondern dienen gleichzeitig als bevorzugte Nahrung für andere Wassertiere.

tun haben und, ebenso wie die beiden oben erwähnten Tierchen, zu den Krebsen zählen. Der Eindruck des Hüpfens kommt durch ruckartige Schläge mit den beiden großen Antennen zustande. In den Pausen zwischen zwei Schlägen sinkt der Körper jeweils ein wenig ab, und so ergibt sich eine vertikale Zickzack-Bewegungslinie.

Ihre Nahrung besteht aus Algen, Bakterien und Detritus, und wenn sich in einem Teich viele Wasserflöhe befinden, kann dieser niemals trüb werden. Sehr ungewöhnlich gestaltet sich der Fortpflanzungsmechanismus. Viele Generationen lang existieren nur Weibchen, die unbefruchtete, dünnschalige und dotterarme Eier legen. Diese entwickeln sich kurzfristig zu fertigen Individuen und sind nach drei Häutungen geschlechtsreif. Allerdings entstehen aus ihnen ausschließlich weibliche Tiere. Dann bilden sich plötzlich dotterreiche, derbschalige Eier, die von Männchen früherer Generationen befruchtet werden müssen. Diese Eier zeitigen entweder Männchen oder sie werden zu Dauereiern, die ein Ruhestadium durchlaufen. Aus diesen entstehen dann wiederum nur Weibchen, die ohne Befruchtung weitere Weibchen „erzeugen“. Ein recht komplizierter Vorgang also, der auch dafür verantwortlich gemacht werden kann, daß es oft in einem Jahr kaum Wasserflöhe gibt und sich diese dann im nächsten Jahr explosionsartig vermehren.

Von all den genannten Kleinkrebsen lassen sich Wasserflöhe mit bloßem Auge am leichtesten ausmachen. Sie sind durch Karotineinlagerungen rötlich gefärbt, und diese Farbe kann man nicht übersehen.

ASSELN IM WASSER UND AN LAND

Von den Kleinkrebsen soll zu den Asseln übergeleitet werden, die ja auch zu den Krebstieren gehören, und da wir gerade über den Teich gesprochen haben, erscheint es naheliegend, mit der Wasserassel, *Asellus aquaticus,* zu beginnen.

Sie liebt ruhiges Wasser und stellt weiter keine Ansprüche. Ihren Lebensunterhalt bestreitet sie ausschließlich von verwesenden Stoffen. Meist kriechen diese Tiere am Boden oder klettern gelegentlich an Pflanzenstengeln empor. Darüber hinaus sind sie sogar fähig, recht geschickt zu schwimmen, was sie aber offensichtlich nicht allzu gerne tun.

Zur Paarung erklimmt das Männchen den Rücken des Weibchens und verharrt dort längere Zeit. Schließlich legen sich die Tiere mit den Bauchseiten aneinander. Nach der Vereinigung bilden die Weibchen mit den vier vorderen Brustbeinpaaren einen geschlossenen Raum an der Unterseite, der zur Ablage der Eier dient, als Brutsack fungiert und später als Schutzraum für die frisch geschlüpften Jungen, welche die ersten drei bis sechs Wochen ihres Lebens darin verbringen. Im allgemeinen werden etwa fünfzig Eier produziert.

Die Asseln sind dazu befähigt, Bein- und Fühlerglieder abzustoßen und kurzfristig zu regenerieren. Diese Strategie ermöglicht es diesem Tier, so manchem Angriff eines Freßfeindes zu entgehen.

Bei den Landasseln dürften wir es hauptsächlich mit der Kellerassel, *Porcellio scaber,* zu tun haben, die trotz ihres Namens keineswegs nur in Gebäuden gefunden werden kann. Sie brauchen draußen nur einen Stein oder eine Wurzel umzudrehen und entdecken darunter ganze Scharen von ihnen. Eines geht daraus mit Sicherheit hervor: Sie lieben eine gewisse Feuchtigkeit. Dies hat mit ihrer Atmung

Auch die Kellerassel hat ihre Daseinsberechtigung. Sie lebt von zerfallenem organischen Material und macht sich dadurch nützlich.

zu tun. Zumindest einen Teil des benötigten Sauerstoffes nehmen sie über Kiemen auf, die an den hinteren Beinen liegen.

Tagsüber verhalten sie sich weitgehend inaktiv und verlassen ihr Versteck kaum. Doch des Nachts werden sie lebendig und suchen ihre Umgebung nach verfaulenden pflanzlichen Stoffen ab. Solange sie genug davon finden, werden sie nicht an grüne Pflanzen gehen, was sie erfahrungsgemäß nur in äußerster Not tun würden. Wir brauchen also keine Angst vor irgendwelchen Schädigungen zu haben und können dieses „Ungeziefer“ unbesorgt gewähren lassen. Es erfüllt ebenso wie so vieles andere im Kreislauf der Natur eine wichtige Aufgabe, die wir nicht zu gering einschätzen dürfen.

Vielleicht haben wir sogar das Glück, eine Kugelassel, *Armadillidium vulgare,* beobachten zu können. Diese Tiere haben sich von allen Asseln dem Landleben am perfektesten angepaßt und können sogar noch relativ trockene Stellen besiedeln. Ihre Fähigkeit, sich zu einer geschlossenen Kugel einzurollen, schützt sie weitgehend vor Freßfeinden, da ihre harten Rückenschilder nicht allzu leicht geknackt werden können. Auch diese Assel lebt von organischen Stoffen. Im Gegensatz zu ihrer Verwandten kommt sie auch bei Tag ins Freie.

Asseln haben eine lange Entwicklungsgeschichte hinter sich, und schon allein wegen ihres ehrwürdigen Alters sollten wir diese Tiergruppe mit anderen Augen betrachten, als es gemeinhin geschieht.

Die Kugelassel kann sich völlig einrollen und schützt sich damit vor manchem Freßfeind.

Tausend Füsse sind übertrieben

Auf eine fast mit den Asseln parallel laufende, ähnlich lange Entwicklungsgeschichte können die Tausendfüßer zurückblicken. Von ihnen gab es vor etwa 300 Millionen Jahren wahre Riesen, und ich könnte mir denken, daß eine Begegnung mit solch einem Ungetüm alles andere als gemütlich gewesen wäre.

Die heute noch lebenden Vertreter dieser Tiergruppe haben stark an furchterregendem Aussehen eingebüßt und ihre Größe, wenn man von einigen tropischen Arten absieht, auf wenige Zentimeter reduziert. Um nur eine von vielen Arten zu nennen, können wir in unseren Gärten den Schnurfüßer, *Schizophyllum sabulosum,* finden, dessen „tausend" Beine bei näherem Hinsehen auf etwa zweihundert zusammenschrumpfen. Das Tier ist schlank und von runder Körperform und weist zahlreiche Körpersegmente auf. Diese stellen eine harte Panzerung dar, und an jedem dieser Segmente hängen zwei Beinpaare. Das Tier hält sich an relativ feuchten Stellen unter Blättern, Steinen und Wurzeln auf und ernährt sich von faulendem Pflanzenmaterial. Somit kommt auch ihm die Aufgabe der Humusbildung zu.

Bei den Schnurfüßern konnte man eine sehr interessante Beobachtung ma-

Auch der Schnurfüßer ernährt sich von faulendem Pflanzenmaterial und erweist sich somit als Gesundheitspolizist.

Im Gegensatz zum Schnurfüßer lebt der Steinläufer räuberisch und läßt manche unangenehme Insekten nicht aufkommen.

chen: Nach der Begattung stirbt das Männchen nicht etwa ab, sondern es häutet sich erneut, wobei allerdings die Begattungsorgane zurückgebildet werden und nur mehr in Form von Knospen vorliegen. Durch eine weitere Häutung entsteht dann ein neuerlich wieder begattungsfähiges Exemplar. Man kann hier von einer echten Verjüngung sprechen.

Als verwandte Gruppe müssen noch die Erdläufer, z.B. *Geophilus longicornus,* erwähnt werden und auch die Steinläufer, z.B. *Lithobius forficatus.* Sie verfügen über wesentlich weniger Beinpaare und werden dementsprechend sinngemäß „Hundertfüßer" genannt. Diese haben nun eine andere Lebensweise. Ihre vordersten Beinpaare sind zu Klauen umgebildet, was darauf hindeutet, daß sie sich räuberisch ernähren. Insekten und andere Kleintiere sind ihre Opfer. Sie lauern bewegungslos auf ihre Beute, um dann blitzschnell zuzugreifen. Tagsüber halten sie sich unter Laub, Wurzeln oder Steinen auf und werden erst nach Eintreten der Dunkelheit aktiv. Ihr hochentwickelter Tastsinn läßt sie die Beute erkennen.

Das Weibchen umgibt seine Eier mit einer schützenden Hülle, und beim Erdläufer wurde gar eine Art von Brutpflege beobachtet. Die Jungen des Steinläufers können erst nach mehreren Häutungen über die volle Segmentzahl verfügen, während die Jungen des Erdläufers bereits nach dem Schlüpfen wie eine Miniausgabe der erwachsenen Tiere aussehen.

Sie leben nur wenige Tage

Vermutlich werden Sie es bereits ahnen, daß nun die Eintagsfliegen an der Reihe sind. Natürlich gibt es auch hier wieder verschiedene Arten, doch wir wollen uns auf eine, die häufigste, *Ephemera vulgata,* beschränken. Dieses Lebewesen erreicht eine Größe von etwa 2 cm, hat lange Schwanzborsten und dunkelbraun gefleckte Flügel. Seine Mundwerkzeuge sind verkümmert, es nimmt keine Nahrung auf und fliegt etwa zwei bis drei Tage lang.

Die Männchen leiten den Schwarmflug ein. Sie fliegen einige Meter hoch, lassen sich fallen, steigen wieder auf und setzen dieses Spiel stundenlang fort. Die Weibchen gesellen sich dem Schwarm zu, werden von den Männchen im Flug begattet, und unmittelbar danach erfolgt die Eiablage durch Auftupfen des Hinterleibendes auf irgendeine Wasseransammlung.

Die Larven haben gefiederte Tracheenkiemen und brauchen zwei Jahre für ihre Entwicklung. Sie ernähren sich von organischen Teilen und auch räuberisch von Kleinlebewesen. Aus dem letzten Larvenstadium schlüpft ein Subimago und zwar

Eintagsfliegen häuten sich als bereits geflügeltes Insekt noch ein weiteres Mal. Dies ist einmalig in der Welt der Insekten. Das Bild zeigt das letzte Larvenstadium.

Für ihr kurzes Leben ist die Eintagsfliege eigentlich zu schön.

direkt auf der Wasserfläche. Bereits jetzt verfügt es über die Fähigkeit zu fliegen und macht davon auch einen Tag lang Gebrauch. Erst aus einer nochmaligen Häutung geht das fertige Insekt hervor. Es ist das eine einmalige Erscheinung im Reich der Insekten, daß sich eine bereits flugfähige Form noch ein weiteres Mal häutet.

Die Hochzeitstänze der Eintagsfliegen können wir vorwiegend an warmen Abenden beobachten und dies erstaunlicherweise wie bei schwarmbildenden Mücken bis in den frühen Winter hinein. Das sollte uns jedoch nicht täuschen. Wenn an einem milden Dezembertag die Mücken tanzen, wie ich es selbst schon oft sehen konnte, darf man dies nicht als Zeichen dafür werten, daß der Frühling nahe sei. Nicht einmal der weitere Verlauf des Winters läßt sich daran ablesen. Es kann trotzdem noch bitter kalt werden. Nur der Vollständigkeit halber sei darauf hingewiesen, daß die Larven der Eintagsfliegen, die meist in großer Zahl auftreten, ein wichtiges Glied der Nahrungskette in unserem Teich darstellen. Massenproduktionen dienen im Tierreich fast immer dafür, anderen das Überleben zu sichern. Gerade solche Beispiele zeigen mehr als deutlich, wie in der Natur ein Rad ins andere greift.

Die schillernde Welt der Libellen

Libellen, jene zauberhaften Insekten, legen wegen ihrer schillernden Farben den Vergleich mit fliegenden Edelsteinen nahe. Ob sie in pfeilschnellem Flug den Teich umschwirren oder sich zur Ruhe in der Uferregion niederlassen, sie bieten immer ein reizvolles Bild.

Wenn es noch keinen Gartenteich gäbe, müßte man ihn allein wegen der Libellen erfinden. In jedem Fall dürfte die Fauna des Gartens nichts Schöneres bieten als diese metallisch glänzenden fliegenden Insekten.

Unermüdlich drehen sie ihre Runden auf der Jagd nach kleinen Fliegen oder Mücken und vertilgen Unmengen davon, so daß sie zu aller Schönheit noch als wertvolle Insektenfresser gelten können. Sie vereinigen alles in sich, was man sich nur wünschen kann.

Dabei haben sie nicht einmal den besten Ruf, und es scheint endlich einmal Zeit zu sein, mit dem Aberglauben aufzuräumen, daß Libellen stechen können. Nichts dergleichen entspricht der Wahrheit. Eine große Art mag sich bestenfalls mit ihren Zangen verteidigen, wenn man sie ungeschickt anfaßt, doch selbst in ungünstigen Fällen wird sie nicht einmal in der Lage sein, die menschliche Haut zu durchbohren. Es gibt also wirklich keinen Grund, sich vor ihnen zu fürchten.

Libellen haben schon eine lange Entwicklungsgeschichte hinter sich, und in der Steinkohlenzeit gab es Riesenarten, die einen Flügeldurchmesser von etwa 70 cm hatten. Wie kleine Hubschrauber mögen sie damals die Wälder aus Farnen und Schachtelhalmen belebt haben. Dann wurden sie immer kleiner. Aus der Jurazeit sind noch solche mit 20 cm Durchmesser bekannt, und heute dürfte es bestenfalls noch tropische Arten geben, die nicht einmal 15 cm erreichen. Die größte heimische Art bringt es gerade noch auf 11 cm. Dabei hat sich seit 300 Millionen Jahren praktisch sonst nichts verändert; die Facettenaugen, die aus Hunderten von Einzelaugen bestehen und einen Rundumblick erlauben, gab es damals schon so wie heute, und auch das Antriebssystem ist das gleiche geblieben. Wir haben es also mit einer sehr erfolgreichen Tiergruppe zu tun, die schon vor langer Zeit eine Perfektion erlangte, an der es nichts mehr zu verbessern gab.

Ob das Fortpflanzungsritual damals schon dem heutigen glich, vermögen wir nicht zu sagen, da entsprechende fossile Nachweise fehlen. Eines aber wissen wir genau: Es gibt kein zweites Beispiel dafür in der Welt der Insekten, und daraus läßt sich der Schluß ziehen, daß es vermutlich nie anders war.

DAS PAARUNGSRAD DER LIBELLEN

Das Paarungsverhalten der Libellen ist so einmalig und derart interessant, daß es lohnt, näher darauf einzugehen. Die Männchen fliegen zunächst rastlos umher, bis sie ein paarungswilliges Weibchen finden, das bei einigen Arten abwartend in der Uferregion sitzt und bei anderen wieder selbst aktiv fliegend an der Suche teilnimmt. Sobald sich so ein Pärchen trifft, versucht das Männchen seine Partnerin fest an sich zu binden, indem es sie mit Hilfe der am Körperende befindlichen Klammern kurz hinter dem Kopf ergreift.

In dieser Haltung, die man als die Tandemstellung bezeichnet, fliegen beide eine Zeitlang umher, lassen sich auch gelegentlich zur Ruhe nieder und setzen dieses Spiel mehr oder weniger lang fort, um in die richtige Hochzeitsstimmung zu kommen. Jetzt hebt das Männchen seinen Hinterleib an, und das Weibchen krümmt seinen nach oben, bis die Kopulationsorgane

Das Paarungsrad einer Schlankjungfer.

Männchen und Weibchen schreiten gemeinsam zur Eiablage.

aneinander liegen. Dadurch wird ein herzförmiges Rad gebildet, in welchem wir die Einmaligkeit des Fortpflanzungsverhaltens innerhalb der Welt der Insekten sehen.

Dieses „Libellenrad“ kommt entweder im Sitzen zustande, oder es kann sogar im Flug vollzogen werden, der sich dadurch keineswegs verlangsamt. Dabei trägt das Männchen seine weibliche Last, es kann jedoch das Weibchen auch selbst aktiv mitarbeiten. Schließlich entnimmt das Weibchen den männlichen Samen. Damit hat die Kopulation ihr Ende gefunden, und das Rad löst sich wieder in die Tandemstellung auf. Die radförmige Vereinigung kann weniger als eine Minute, ebenso je nach Art mehrere Stunden dauern.

Manche Arten trennen sich nun, und die Weibchen schreiten allein zur Eiablage, werden dabei jedoch häufig vom Männchen bewacht, das seine Aufgabe darin sieht, andere mögliche Geschlechtspartner zu vertreiben.

Viele vollziehen die Eiablage aber auch gemeinsam, indem das Männchen weiterhin auf dem Weibchen „reitet", während dieses seinen Hinterleib in das Wasser taucht und mit Hilfe eines Legestachels die Eier in Wasserpflanzen einsticht. Dabei geschieht es gelegentlich, daß die weiblichen Tiere vorübergehend völlig untertauchen.

Es gibt aber auch solche, die ihre Eier nicht in das Wasser entlassen, sondern in unmittelbarer Ufernähe in feuchtes Moos oder in faulendes Holz ablegen. Aus derartigen Eiern entwickelt sich dann zunächst eine sogenannte Prolarve, die sofort nach dem Schlupf hüpfend das Wasser aufsucht, um hier in den Entwicklungszyklus einzutreten, der immer im Wasser beginnt und sich auch dort bis zur endgültigen Reife vollendet.

Am Ende ihres Unterwasserlebens krabbelt die Libellenlarve an einem Pflanzenstiel nach oben und bereitet sich zum Schlupf vor.

LARVENLEBEN UND SCHLUPF

Libellenlarven kann man nicht unbedingt als ansprechende Lebewesen bezeichnen, und im Grunde scheint es nur schwer begreifbar, daß als Endprodukt ein Insekt von solcher Schönheit entsteht.

Alle führen ein räuberisches Leben. Dazu haben sie eine Einrichtung entwickelt, die

Eine frisch geschlüpfte Edellibelle. Sie ist noch nicht ausgefärbt, und auch die Flügel zeigen noch keine Transparenz. Die leere Larvenhülle hängt oben.

man sonst nirgends mehr finden kann: die Fangmaske. Hierbei hat sich die Unterlippe zu einem zweigegliederten Greiforgan umgestaltet, dessen Ende von einem Paar beweglicher, mit Zähnen oder Dornen versehener Fortsätze gebildet wird. Dieser Fangapparat liegt in Ruhestellung eingeklappt an der Unterseite von Brust und Kopf. Mit Hilfe einer hydraulischen Vorrichtung kann er plötzlich vorgeschnellt werden, um die Beute zu ergreifen und sie den Kiefern zuzuführen. Alle möglichen Wasserbewohner stehen auf dem Speisezettel dieser gefräßigen Räuber, und bei größeren Arten kann es auch mal ein kleiner Fisch oder eine Kaulquappe sein.

Die Atmung der Libellenlarven geschieht durch den Darm, von dem ein Teil mit Hautfalten ausgerüstet ist, die, von Tracheen durchzogen, dem Wasser Sauerstoff entnehmen. Besonders bei den größeren Arten geschieht durch Atembewegungen des Hinterleibes ein ständiger Wasseraustausch. Bei drohender Gefahr sind sie in der Lage, dieses Wasser so ruckartig auszustoßen, daß ihnen ein raketenartiger Antrieb zur Verfügung steht, der sie befähigt, blitzartig davonzuschießen. Sollte einmal der Sauerstoffgehalt des Wassers sehr niedrig sein, so haben sie immer noch die Möglichkeit, durch Herausstrecken ihres Hinterleibes aus dem Wasser atmosphärische Luft zu atmen.

Generell kann man davon ausgehen, daß sich die meisten Larven in den bepflanzten Teilen des Gewässers aufhalten. Es gibt jedoch auch einige, die den Schlamm des Bodengrundes als Lebensraum vorziehen, wo sie mehr oder weniger ruhig liegen und auf Beute lauern. Im Laufe ihres Lebens müssen sie sich je nach Art 7-13mal häuten. Manche schlüpfen noch im gleichen Jahr, andere überwintern, wobei natürlich das Nahrungsangebot eine entscheidende Rolle spielt. Auf jeden Fall scheint es nicht richtig zu sein, wie man heute noch manchmal in der Literatur lesen kann, daß die Entwicklung bis zu sieben Jahre lang andauern kann.

Zuletzt soll noch darauf hingewiesen werden, daß die Larven der Großlibellen an ihrem Hinterende kräftige Stacheln besitzen, die sie zur Verteidigung einsetzen, wenn man sie ergreift. Die menschliche Haut können sie aber nicht durchdringen.

Nach ihrer letzten Häutung bereiten sich die Larven auf den Schlupf vor. Dabei erklimmen sie einen Pflanzenstengel und begeben sich aus dem Wasser heraus. Erschöpft von dieser Anstrengung, legen sie zunächst eine Ruhepause ein, doch dann beginnt plötzlich der Panzer auf dem Rücken zwischen den Flügelansätzen zu reißen, und relativ schnell schiebt sich das fertige Insekt mit dem Kopf, einem Teil des Körpers, den Flügelstummeln und den Beinen nach außen. Dabei hängt es nunmehr mit dem Kopf nach unten. Jetzt folgt eine längere Pause, denn offensichtlich war die erste Phase der Geburt sehr anstrengend. Dann, ganz plötzlich und unerwartet, hebt die junge Libelle ihren Kopf nach oben, krallt sich mit den Beinen an der Larvenhülle ein und zieht ruckartig den Rest des Körpers heraus. Anschließend hängt sie mit dem Kopf nach oben an der nunmehr leeren Hülle ihres Jugendkleides. Dieser Vorgang geht so schnell vor sich, daß man schon großes Glück haben muß, um ihn fotografisch festzuhalten. Da es sich um ein Aufrollen und wieder Ausstrecken handelt, möchte ich hier von einem „Rollstadium" sprechen.

Nach einer längeren Pause kann man beobachten, wie sich langsam die Flügel aufpumpen, dabei allmählich ihre zunächst milchige Farbe verlieren, um schließlich durchsichtig zu werden. Bald darauf werden sie ruckartig ausgebreitet, und nun hängt eine fertige, jedoch noch nicht ausgefärbte Libelle an der leeren Larvenhülle.

Wieder dauert es längere Zeit, bis das Insekt sich getrocknet hat und seinen ersten Flugversuch wagt. Dieser dauert jedoch nicht lange und endet alsbald in der näheren Umgebung. Nach einer Weile beginnt das echte Libellenleben, vorausgesetzt, daß das Tier die Zeit bis dahin heil überstanden hat. Dies waren nämlich die gefährlichsten Momente in seinem Leben, und ein großer Teil der in diesem Stadium hilflosen Insekten fällt Vögeln zum Opfer, vor allem der Amsel, die oft schon darauf wartet, bis die Libelle die Hülle verlassen hat, um sie dann als erwünschten Leckerbissen zu betrachten. Isoliert herumliegende Flügel zeugen von einem frühzeitigen und unrühmlichen Ende eines Libellenlebens.

IM MAI BEGINNT DER BUNTE REIGEN

Als erste erscheinen immer die Schlankjungfern. Hierbei gilt es, verschiedene Arten auseinanderzuhalten, und es kann durchaus vorkommen, daß sich an einem Teich mehrere Arten einfinden. Auf jeden Fall tauchen zunächst die blauen auf, und hier soll stellvertretend für alle die Hufeisen-Azurjungfer, *Coenagrion puella,* besprochen werden. Sie wird nicht länger als 5 cm und erscheint uns als sehr zartes Geschöpf. Die Männchen haben einen blauen Körper, und die gut unterscheidbaren Weibchen gehen mehr ins Grünliche. Diese sind oft gar nicht leicht auszumachen, weil sie meist getarnt in der Uferregion sitzen, während die Männchen munter umherfliegen. Die Eiablage erfolgt in Tandemstellung und findet meist zwischen Mittag und dem frühen Nachmittag statt. Ich konnte einmal eine Massen-Eiablage beobachten, wobei sich etwa 30 Paare auf einem Raum von einem halben Quadratmeter zusammenfanden. Die Larven leben zunächst an der Unterseite von Schwimmblättern, und wenn sie älter werden, bevorzugen sie den Grund des Gewässers. Wo und wann diese Libellen schlüpfen,

Die schlanke Adonislibelle mit ihrem knallroten Leib erfreut uns durch ihr frühes Erscheinen.

konnte ich noch nie beobachten. Auch in der Literatur konnte ich nicht mehr darüber finden, als daß dies in den frühen Morgenstunden geschieht. Ich habe bis heute niemals auch nur eine leere Larvenhülle gefunden.
Kurz darauf überrascht uns die herrlich rot gefärbte Frühe Adonislibelle, *Pyrrhosoma nymphula,* die sogar rote Augen hat. Das Weibchen erkennt man nur an einem längeren schwarzen Körperende. Beide Geschlechter sind nicht sehr flugfreudig und halten sich meist still in der Ufervegetation auf. Es wäre deshalb möglich, daß diese Libelle nicht bemerkt wird, wenn man sie nicht gerade zum Zeitpunkt der Eiablage erblickt, die ebenso vor sich geht wie die der blauen Art. Die Adonislibelle bleibt etwas kleiner als die Azurjungfer.

Als Nächste käme dann das Große Granatauge, *Erythromma najas,* an die Reihe, das neben seinem blauen Körper noch durch große, rote Augen auffällt. Es wird auch leicht übersehen, weil beide Geschlechter nur ungern fliegen. Durch einen Flugtanz wird die Paarung eingeleitet. Die in Tandemstellung erfolgende Eiablage kann dazu führen, daß beide kurzfristig untertauchen. In solchen Fällen löst sich aber das Männchen alsbald und wartet, bis auch das Weibchen wieder auftaucht.

Nun soll von der Großen Pechlibelle, *Ischnura elegans,* gesprochen werden. Wenn Sie eine Libelle sehen, deren Flug vom üblichen Schema abweicht und flatternd eher

Die Pechlibelle hat einen schwarzen Leib, der durch den blauen Kopf und ein blaues Band am Körperende begrenzt wird.

dem einer Motte gleicht, dann können Sie sicher sein, eine Pechlibelle vor sich zu haben. Frisch geschlüpfte Tiere erscheinen noch beim ersten Flug nahezu farblos. Später färbt sich dann beim Männchen die Körpermitte schwarz, wobei in der vorderen und in der hinteren Partie eine blaue Tönung vorherrscht. Der Leib des Weibchens tendiert mehr ins Bräunliche. Beide Geschlechter sind flugunlustig.

Die Eiablage wird vom Weibchen allein vorgenommen, wobei es häufig völlig untertaucht. Nur wenig Scheu zeigt diese Pechlibelle, und es kann durchaus vorkommen, daß sie sich einem auf die Nase setzt. Der Schlupf des Imagos geht sehr schnell vor sich. Vom Herauskriechen der Larve aus dem Wasser bis zum Abflug der fertigen Libelle vergeht kaum mehr als eine Stunde. Auch die Entwicklung der Larven nimmt nicht viel Zeit in Anspruch. Innerhalb eines Jahres können mehrere Generationen entstehen.

Etwas später erscheint die Kleine Pechlibelle, *Ischnura pumilio,* die nicht größer als

3,5 cm wird. Der schwarze Körper wird durch einen blauen Ring am Hinterleib aufgelockert. Die Weibchen zeigen sich in der Jugend orangerot, begnügen sich jedoch später mit den Farben Schwarz und Blau. Sie gebärden sich ebenso wenig fluglustig wie ihre größeren Verwandten, und wenn die orangerote Farbe der jungen Weibchen nicht wäre, würde man sie vermutlich gar nicht wahrnehmen. Die Paarung dauert oft stundenlang, und das Weibchen legt allein die Eier ab. Auch wird es gelegentlich völlig untertauchen. Besonders ortstreu ist diese Art nicht, sie kann plötzlich verschwinden und nach Jahren unerwartet wieder erscheinen.

SOMMERLIBELLEN

Meist erst gegen Anfang des Monats Juni können wir den Plattbauch, *Libellula depressa,* finden. Dies ist bereits ein dicker Brummer mit einer Spannweite von etwa 8 cm. Das Männchen fällt durch einen stahlblauen, breiten Hinterleib auf, während der des Weibchens ins Gelbliche geht.

Die Paarung geschieht im Flug und dauert nur wenige Minuten. Das Männchen beaufsichtigt die Eiabgabe, wobei das Weibchen die Eier einfach ins Wasser fallen läßt. Die Larven vergraben sich im Schlamm und brauchen zwei Jahre, um

Der plattgedrückte stahlblaue Hinterleib kennzeichnet die Plattbauchlibelle.

Das Weibchen des Plattbauchs fällt durch seine gelbe Färbung auf. Viele Libellen zeigen derartige Geschlechtsunterschiede.

sich zur Schlupfreife zu entwickeln. Alle Männchen sitzen gerne an Aussichtspunkten, von denen aus sie die ganze Umgebung beobachten können. Weibchen lassen sich nur selten sehen.

Zur selben Zeit erblickt man auch den Vierfleck, *Libellula quadrimaculata,* der den Plattbauch noch etwas an Größe übertrifft. Die Färbung geht bei beiden Geschlechtern ins Braungelbliche, wobei Kopf und Hinterleib mehr schwärzlich erscheinen. Als deutliches Erkennungsmerkmal kann je ein schwarzer Punkt auf allen vier Flügeln gelten. Ebenso wie beim Plattbauch findet die Paarung innerhalb weniger Minuten im Flug statt. Auch die Eiablage gleicht sich bei beiden Arten. Die Larven leben am Grunde der Gewässer, graben sich aber nicht in den Schlamm ein. Zwei Jahre brauchen sie bis zur Reife.

Etwas später, nicht vor Ende Juni, tritt die Glänzende Smaragdlibelle, *Somatochlora metallica,* in Erscheinung. Sie fällt durch ihr leuchtendes Grün auf. Zunächst umrunden die Männchen die Ufer des Gewässers, und wenn sie auf ein Weibchen stoßen, findet der erste Kontakt in der Nähe des Wassers statt, die Vereinigung wird aber dann erst in großer Höhe, in den Kronen von Bäumen, vollzogen. Das

Die Vierflecklibelle gehört auch schon zu den größeren Brummern. Ihren Namen verdankt sie den Flecken auf ihren Flügeln.

Weibchen verfügt über einen verlängerten Legestachel, biegt den Hinterleib nach oben und schlägt mit diesem auf Algenmatten oder auf den Boden des Ufers, wobei die Eier ausgeschleudert werden. Die Larven halten sich am Boden auf und brauchen zwei bis drei Jahre für ihre Entwicklung.

Gleichzeitig wäre dann die größte Libelle unserer Heimat, die Große Königslibelle, *Anax imperator*, an der Reihe, die einen Flügeldurchmesser von 11 cm erreicht und deren blauer Körper mit der grünlichen Kopfpartie ihr ein besonders prachtvolles Aussehen verleiht. Die Weibchen unterscheiden sich durch einen dicken braunen Strich am Hinterleib. Ebenso wie bei der Smaragdlibelle beginnt die Paarung am Wasser und setzt sich bis in die Höhe von Baumkronen fort. Die Weibchen legen ihre Eier ohne männliche Begleitung in Algenmatten oder andere schwimmende Pflanzenteile ab. Zwischen Wasserpflanzen leben die Larven sehr versteckt und gelangen bereits in ein bis zwei Jahren zur Reife.

Nun kommen wir zu einer an unseren Teichen recht häufigen Libelle, zur Blaugrünen Mosaikjungfer, *Aeshna cyanea*, die auch frisch angelegte Gewässer schnell besiedelt. Sie läßt sich an ihrem blau-brau-

Porträt einer Edellibelle. Gut sichtbar sind die Mundwerkzeuge und die aus vielen Elementen zusammengesetzten Facettenaugen.

sich aus und wenn, dann niemals in Bodennähe, sondern am Stamm oder in Zweigen von Bäumen. Die Paarung beginnt mit einer heftigen Jagd und wird immer in der Krone von Bäumen vollzogen. Das Weibchen legt die Eier bevorzugt in Moos oder morsches Holz nahe am Wasser. Dabei kann man oft beobachten, wie es rüttelnd nach geeigneten Plätzen sucht. Im nächsten Jahr gelangen die Larven zur Reife, nachdem sie sich am Grund oder zwischen Wasserpflanzen entwickelt haben. Die Männchen verhalten sich äußerst aggressiv gegen Geschlechtsgenossen, aber auch gegen andere Libellen. Bemerkenswert erscheint noch die Tatsache, daß im Gegensatz zu allen anderen Libellen, die nur bei Sonnenwetter fliegen, die Mosaikjungfer auch an trüben Tagen

nen Körper und zwei ovalen grünen Flecken am Rücken erkennen. Das Weibchen unterscheidet sich durch die Farben Braun und Grün. Mit nahezu 11 cm Flügelspannweite kommt sie der Königslibelle an Größe gleich. Ständig fliegt sie rastlos hin und her, nur äußerst selten ruht sie

und sogar bis in die beginnende Dämmerung hinein aktiv bleibt.

Hier wäre noch die Herbst-Mosaikjungfer, *Aeshna mixta,* zu erwähnen, die etwas kleiner bleibt und sich durch blau-tiefbraune Körperfärbung abhebt. Die Weibchen erscheinen in einem braun-gelben

Die Prachtlibelle, die in der Natur die Nähe fließender Gewässer liebt, wird neuerdings auch an unseren Gartenteichen beobachtet.

Muster. In ihren Lebensäußerungen gleicht sie annähernd der obigen Art, mit der einzigen Ausnahme, daß man ihre Paarungsräder schon in ein bis zwei Meter Höhe beobachten kann.

Zuletzt sollen noch zwei Arten erwähnt werden, die zwar normalerweise nur an fließenden Gewässern vorkommen, doch in letzter Zeit auch an Gartenteichen gesehen wurden.

Es handelt sich um die Blauflügel-Prachtlibelle, *Calopteryx virgo,* und die Gebänderte Prachtlibelle, *Calopteryx splendens.* Die erstere hat prächtige, blau-metallisch glänzende Flügel und die letztere nur einen ebenso gefärbten Streifen. Die Flügel der Weibchen erscheinen zum Unterschied bräunlich beziehungsweise grünlich. Hier wird vor der Radbildung der Eiablageplatz festgelegt, und dann kommt erst die eigentliche Vereinigung. Nach etwa 15 Minuten trennen sich die Partner, und das Weibchen legt allein die Eier in schwimmende Pflanzenteile ab. Das Männchen vertreibt inzwischen andere Libellen, um einen ungestörten Laichakt zu gewährleisten. Die Entwicklung der Larven dauert etwa zehn Monate.

Im Frühsommer kommt die Heidelibelle

Kaum vor August werden wir der Kleinen Binsenjungfer, *Lestes virens vestalis,* begegnen. Mit 4,5 cm Flügeldurchmesser gehört sie zu den kleinen Arten. Ihr schlanker Hinterleib glänzt in einem schillernden Grün, während das Weibchen zum Bräunlichen tendiert. Auf allen vier Flügeln befindet sich je ein gelbliches Mal. Hier haben wir wieder einmal einen flugunlustigen Typ vor uns, der am liebsten an senkrechten Stengeln oder anderen Pflanzenteilen sitzt. An solchen Stellen wird auch das Rad gebildet, wobei das Pärchen lange miteinander verbunden bleibt. Die Eier werden in das Wasser abgelegt, überwintern jedoch, bevor die Larven im nächsten Frühjahr schlüpfen. Nachdem sie sich am Boden zwischen Wasserpflanzen entwickelt haben, erlangen sie die Schlupfreife zum fertigen Insekt bereits im folgenden Sommer.

Auch die Gemeine Binsenjungfer, *Lestes sponsa,* gehört zu den Kleinlibellen. Ihr ebenfalls grüner Körper zeigt am Ende einen stahlblauen Fleck, während die Weibchen ein dunkles Kennzeichen am Rücken des ersten Hinterleibrings haben. Beide

Die Schwarze Heidelibelle hat nicht nur einen dunklen Körper, sondern darüber hinaus auch vier schwarze Flügelmale.

Im späten Sommer bringt die große Heidelibelle mit ihrem roten Körper noch einmal Farbe an unseren Teich.

Geschlechter tragen auf den Flügeln je ein schwarzes Mal. Sonst gibt es im Verhalten keine größeren Unterschiede zu der Kleinen Binsenjungfer.

Doch nun beginnt die Zeit der Heidelibellen. Wir wollen mit der Schwarzen Heidelibelle, *Sympetrum danae,* beginnen. Das männliche Insekt fällt durch tiefschwarze Färbung auf, wobei es jedoch in der Jugendzeit gelbe Flecken trägt. Die Weibchen unterscheiden sich durch einen braungrauen Hinterleib, der von jüngeren Tieren erscheint zunächst heller. Beide Geschlechter lieben es, sich auf Wurzeln, Steinen oder auch direkt am Boden zu sonnen. Die Eiablage erfolgt in Tandemstellung, häufig in feuchtes Moos in Ufernähe, aber auch direkt in das Wasser. Allerdings macht das Männchen im allgemeinen nicht den ganzen Laichvorgang mit, sondern trennt sich nach einer gewissen Zeit vom Weibchen, welches diese Tätigkeit dann allein fortsetzt. Die Larven bevorzugen flaches, warmes Wasser und schlüpfen im nächsten Jahr.

Die Große Heidelibelle, *Sympetrum striolatum,* zeichnet sich durch einen knallroten Hinterleib und durch gelbliche Beine aus sowie durch ebenfalls gelbliche Binden an den Rückenseiten. Zwischen den Augen liegt ein schwarzer Strich. Der Körper des Weibchens zeigt ein helleres oder später dunkleres Gelb. Das Paarungsrad kann man überall finden, sogar auf dem Boden oder, wie ich selbst schon beobachtet habe, auf dem Kopf von Menschen. Zutraulichkeit ist überhaupt ein Merkmal dieser Art, sie läßt sich unbesorgt mitten am Tisch nieder und hat durchaus nichts dagegen, wenn man sie aus nächster Nähe fotografiert. Die Eiablage erfolgt zunächst in Tandemstellung, und wenn das Männchen sich ablöst, laicht das Weibchen allein weiter. Bei früher Ablage schlüpfen die Larven nach etwa sechs Wochen, anderenfalls überdauern die Eier den Winter. Im nächsten Sommer haben die Larven die Schlupfreife erreicht. Nicht selten kann man die Große Heidelibelle bis in den November hinein fliegen sehen.

Eine weitere Art, die Gemeine Heidelibelle, *Sympetrum vulgatum,* unterscheidet sich von der vorigen im wesentlichen nur dadurch, daß der schwarze Strich zwischen den Augen sich nach unten, den Augen entlang, fortsetzt. Außerdem erscheint der Hinterleib am Ende etwas verbreitert. Man kann durchaus beide Arten am Gartenteich finden, wenn auch die erstere im Süden und die zweite im Norden häufiger vorkommt. Ihre Lebensformen gleichen sich, und wenn man nicht genau hinsieht, dürfte es überhaupt schwer sein, sie voneinander zu unterscheiden.

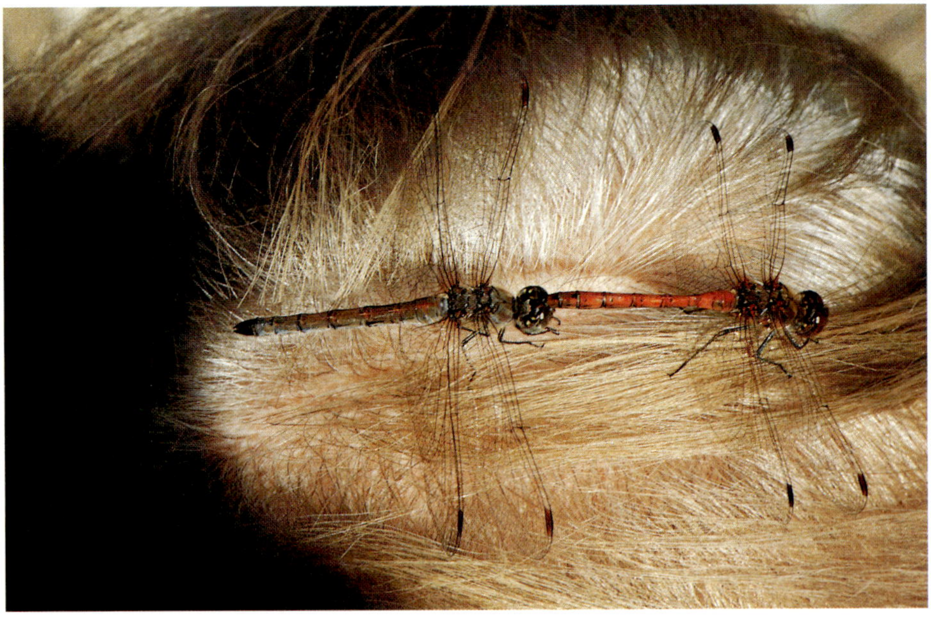

Heidelibellen zeigen sich häufig recht zutraulich. Es kann sogar vorkommen, daß sie während ihres Paarungsfluges eine Rast auf dem Kopf eines Menschen einschalten.

HEUSCHRECKEN UND GRILLEN

Heuschrecken oder Grillen werden Sie als Dauergäste in Ihrem Garten nur dann finden, wenn Sie eine Blumenwiese angelegt haben. Die meisten dieser Insekten sind auf solche Biotope spezialisiert und nicht bereit, einen Ersatzlebensraum anzunehmen. Trotzdem werden Sie manchmal eines finden, das auf Bäumen lebt oder das sich als Gast vorübergehend bei Ihnen aufhält. Dazu gehört das Große Heupferd, *Tettigonia viridissima.* Dieses bis zu 3,5 cm lange Tier zählt zu den Laubheuschrecken und lebt tagsüber nicht nur auf Wiesen, sondern auch auf Sträuchern und hält sich nachts in höheren Bäumen auf. Es macht Jagd auf andere Insekten, nimmt aber auch Pflanzenteile auf. Sein Flug erinnert an einen Hubschrauber, reicht allerdings selten weiter als einige Meter. Das Heupferd gibt auch zirpende Laute von sich, indem es besondere Gebilde an der Basis der Vorderflügel aneinander reibt. Wenn man es ungeschickt anfaßt, wehrt es sich durch zwickende Bisse.

Eine andere Art, die Eichenschrecke, *Meconema thalassinum,* lebt in den Wipfeln von Laubbäumen. Sie ist sehr zart gebaut und kann nicht zirpen. Ihre Lautäußerungen beschränken sich auf ein Trommeln mit den Hinterbeinen. Außer jungem Laub gehören auch andere Insek-

Heuschrecken kommen meist nur an grasbewachsenen Stellen vor. Ausnahmsweise scheint es ihnen auch auf Heidekraut zu gefallen.

o: Die große grüne Laubheuschrecke gehört bereits zu den ansehnlichen Insekten. Es ist jedoch Vorsicht geboten, wenn man so ein Tier anfassen will, denn sie können fühlbar zwicken.

u: Im Sommer lassen Grillen ihr wohlklingendes Gezirpe hören.

ten auf ihren Speiseplan. Meist können wir sie im Herbst beobachten, wenn sie ihre Eier an Stämmen und dort bevorzugt in Rinde oder in Gallen ablegt. Ein zartes Grün kleidet sie ebenso wie das große Heupferd.

Das Heimchen, *Acheta domestica,* ist jedem zumindest dem Namen nach bekannt. Es gehört zur Familie der Grillen und kann auch dementsprechende Laute von sich geben. Es kann sich sogar in Häusern ansiedeln und hier ein erhebliches

Konzert veranstalten. Doch gemessen an dem allgemeinen Verkehrslärm sollte dies geradezu ein Ohrenschmaus sein, und es wäre nicht angebracht, dieses Tier deswegen zu entfernen. Seine Nahrung besteht ebenso wie bei den beiden obigen Arten sowohl aus tierischen als auch aus pflanzlichen Stoffen. Leider zeigt das Heimchen nicht das gewohnte frische Grün, sondern lediglich ein bescheidenes Braun.

Die eigentliche Feldgrille, *Gryllus campestris,* könnte sich sogar in unserer Steinflur halten, wenn diese eine nach Süden ausgerichtete schräge Fläche zeigt. Sie haust in bis zu 30 cm tiefen Erdhöhlen, aus denen man sie mit Grashalmen herauslocken kann. Dieses Spiel haben wir als Kinder oft betrieben, als solche Tiere noch überall häufig waren. Heutzutage möchte ich empfehlen, darauf zu verzichten, denn wir wollen möglichst keinen Mitbewohner unseres Wohnbiotops beunruhigen und uns statt dessen an seiner Anwesenheit erfreuen.

Während der Fortpflanzungszeit von Mai bis Juli läßt sie ihr Gezirpe ertönen. Ergänzend sei noch darauf hingewiesen, daß Japaner und Chinesen seit Jahrhunderten Grillen als Haustiere in kleinen Käfigen halten und dem beinahe eine kultische Bedeutung gegeben haben. Die Grille ernährt sich von Kleintieren, aber auch von Pflanzen, richtet jedoch erfahrungsgemäß keine sichtbaren Schäden an. Die Männchen liefern sich zur Fortpflanzungszeit heftige Kämpfe, und es kann schon mal vorkommen, daß dabei ein Bein in der Arena bleibt.

Wer über eine Blumenwiese verfügt, kann damit rechnen, daß sich auch Feldheuschrecken einstellen, wie zum Beispiel der Gemeine Grashüpfer, *Chortippus biguttulus,* der von Juni bis Oktober auf wenig feuchten oder sogar relativ trockenen Wiesen vorkommt. Er würde uns auch einen ausgeprägten Gesang bieten. Seine Farbe geht ins Bräunliche. Die Eier überwintern und im darauffolgenden Frühjahr schlüpfen die Larven, die nach mehrmaligen Häutungen zum ausgewachsenen Tier werden, das allerdings nur einen Sommer lang lebt.

In ein deutliches Grün kleidet sich der Linierte Grashüpfer, *Stenobothrius lineatus,* der auf trockenen Wiesen und Heiden vorkommt und sich von pflanzlicher Kost ernährt. Bei geschlechtsreifen Tieren färbt sich das Körperende orangerot. Ihr Lied entsteht dadurch, daß sich die Hinterbeine gegen die Vorderflügel reiben.

Ich habe einmal in meinem Garten die wunderschöne Gebirgsschrecke *Podisma pedestris* beobachtet, die normalerweise in felsigen Bergregionen lebt und von der niemand sagen kann, wie sie zu mir gefunden hat. Dieses Beispiel soll nur zeigen, daß in einem entsprechend angelegten Garten Zufallsfunde möglich werden, über die man sich dann natürlich besonders freut.

o: Manchmal kommt auch ein Irrgast in unseren Garten, wie diese farbenprächtige Gebirgsschrecke.

u: Auch bei Heuschrecken bleiben die Männchen wesentlich kleiner als die Weibchen.

Wir kennen über 40 verschiedene Arten von Feldheuschrecken, und die angeführten Beispiele können niemals den Anspruch auf nur annähernde Vollständigkeit erheben. Es soll damit aber auch gesagt werden, daß jederzeit Überraschungen im Bereich des Möglichen liegen.

Ohrwurm, Wanzen und Zikaden

Das nachfolgende Tier, der Gemeine Ohrwurm, *Forficula auricularia,* soll gleich zu Beginn behandelt werden, um mit einem Irrglauben aufzuräumen, denn dieses Insekt kriecht niemals in die Ohren! Ohrwürmer leben in allen möglichen Schlupfwinkeln und führen ein nachtaktives Dasein. An ihren Schlafplätzen kann man sie oft in großen Kolonien finden. Sie leben von Pflanzenteilen und von meist toten Insekten. Gelegentlich könnten sie Schaden an Blüten stiften, doch nur, wenn sie in übermäßigen Mengen auftreten. Andererseits werden sie gerne von Vögeln gefressen. Sie legen ihre Eier in Erdkammern ab und treiben sogar Brutpflege, indem sie durch Belecken und Wenden Verpilzung verhindern. Im allgemeinen betreuen sie ihre Larven bis zur zweiten Häutung. Es gibt also keinen Grund, dieses Tier zu verfolgen und dabei sogar Gifte zu verwenden.

Der Ohrenhöhler ist harmlos, und man braucht keine Angst davor zu haben, daß er vielleicht in die Ohren kriecht, wie sein Name vermuten läßt.

Wenn das Wort „Wanze“ auch nur ausgesprochen wird, empfindet jeder einen unwillkürlichen Ekel, weil er an die Bettwanze denkt und sich nicht darüber im klaren ist, daß es sich hier nur um eine einzige unter vielen handelt, die als menschlicher Parasit in üblem Ruf steht. Lassen Sie sich davon überzeugen, daß Wanzen durchaus schöne Vertreter haben oder auch solche, deren interessante Lebensweise es lohnt, über sie zu sprechen. Vielleicht sei der Vollständigkeit halber der Hinweis erlaubt, daß viele Angehörige dieser Tiergruppe einen unangenehmen Geruch ausströmen und manche auch stechen können. Deshalb möge auch die Warnung gelten, sie nicht in die Hand zu nehmen. Schließlich genügt es ja, sich an ihren Farben zu erfreuen oder sich über ihr seltsames Aussehen zu wundern.

Blatt- und Bodenwanzen

Man könnte sie fast als Frühjahrsboten betrachten, die roten Feuerwanzen, *Pyrrhochoris apterus.* Sie treffen sich oft schon im zeitigen Jahr in größeren Gruppen am Fuße von Bäumen oder an Mauern. Sie ernähren sich hauptsächlich von abgefallenen Samen, greifen jedoch auch andere Insekten an. Ihre feuerrote Farbe wird von

o: Wenn man das Wort „Wanze“ hört, braucht man nicht unwillkürlich an Parasiten denken. Viele schmücken sich mit leuchtenden Farben.

l: Diese Wanze ist braun und so gezeichnet, daß sie auf dem Samenstand kaum auffällt.

schwarzen Mustern unterbrochen und stellt eine wahre Augenweide dar. Larvenstadien kann man von Mai bis in den Oktober hinein finden, und die erwachsenen Tiere überwintern in schützenden Verstecken. Diese Wanze hat sich so dem Leben am Boden angepaßt, daß sie weitgehend auf Flügel verzichtet. Ganz ähnlich verhält sich auch die ebenso farbige Ritterwanze, *Lygaeus equestris,* die sonnige und trockene Stellen bevorzugt und Versammlungen in mehr oder weniger großen Gruppen liebt.

o: Hauptsächlich auf Doldenblütlern lebt diese eindrucksvolle, schwarz-rot gestreifte Wanze.

r: Diese Wanze fällt durch ihren grünen Körper und die eindrucksvolle rote Zeichnung auf.

Auf Büschen und Bäumen findet man die Gemeine Stinkwanze, *Palomena prasina,* deren deutscher Name zugegebenermaßen nicht sehr einladend klingt, die aber durch ihre schöne grüne Farbe, die sie auf Blättern oft nur dem geübten Auge verrät, diesen ersten Eindruck wettmacht. Wenn sie sich ausgerechnet an Beerensträuchern breitmacht, ist sie nur wenig beliebt, da die Beeren ihren Geruch annehmen und damit ungenießbar werden. Anderenfalls wird sie kaum fühlbaren Schaden stiften. Die Rotbeinige Baumwanze,

Pentaloma rufipes, fällt durch einen rotbraunen Körper und rote Beine auf. Sie lebt räuberisch und ernährt sich von Raupen und anderen Insekten. Auf Dolden- und Korbblütlern lebt die Rote Wanze, *Carpocoris fuscispinus.* Ihre Grundfärbung bewegt sich vom Rotbraunen bis ins Gelbliche. Die braune Saumwanze, *Coreus marginatus,* ist auf allen möglichen Pflanzen zu finden und saugt an den Samen. Die schwarz-rot gestreifte *Graphosoma italicum* findet man gelegentlich auf Doldenblütlern. Diese wenigen Beispiele für bunte Blattwanzen mögen genügen, um eine Vorstellung wachzurufen, wie schön solche bislang verachteten Tiere sein können.

Wanzen, die im Wasser leben

So manches Lebewesen, das uns längst an unserem Teich vertraut war, würde man auf Anhieb kaum als Wanze erkennen. Vor allem der Wasserläufer, *Gerris lacustris,* gehört dazu, der zwei Paare seiner Beine dazu benützt, sich behende auf der Oberfläche des Wassers zu bewegen, ohne diese dabei zu durchbrechen. Das vordere Beinpaar dient zum Ergreifen der Beute, die fast ausschließlich aus auf die Wasseroberfläche gefallenen Insekten besteht. Durch ein wasserabstoßendes Haarkleid nimmt die Unterseite des Körpers einen silbrigen

Der Wasserläufer gehört auch zur Familie der Wanzen. Er kann sich auf der Wasseroberfläche fortbewegen und sucht bestenfalls zum Sonnen gelegentlich ein Seerosenblatt auf.

Glanz an. Zur Begattung im Frühling und im Frühsommer setzt sich das Männchen oft tagelang auf den Rücken des Weibchens. Die Eier werden einzeln oder auch in Reihen mit Hilfe eines gallertartigen Sekrets an Wasserpflanzen oder schwimmende Substrate dicht unter der Wasseroberfläche angeheftet. Nach dem Ausschlüpfen der Larven sinken diese zunächst ab, versuchen aber schnellstens zur Oberfläche aufzutauchen. Nach fünf Häutungen sind die Jungen erwachsen, und so können jedes Jahr zwei neue Generationen entstehen.

Bei schlechtem Wetter ziehen sie sich in die Uferzonen zurück. An Land bewegen sie sich nur sehr ungeschickt, und man kann mehr von einem Springen als von einem Laufen sprechen. Auch von der Wasseroberfläche aus können sie bis zu 10 cm hoch springen, um Insekten im Fluge zu erhaschen. Es gibt kurzflügelige und langflügelige Individuen, und nur die letzteren können fliegen. Sowohl die erwachsenen Tiere als auch die Larven sonnen sich gerne auf Seerosenblättern. Man wundert sich immer wieder darüber, wie schnell selbst neu angelegte Teiche von Wasserläufern besiedelt werden.

Ein ähnliches Tier können wir in dem Teichläufer, *Hydrometra stagnorum,* erkennen, der durch einen sehr schlanken Körper und lange, dünne Beine auffällt. Längst nicht so geschickt wie die Wasserläufer läuft er langsam am Ufer, auf Seerosenblättern und auch auf der Wasseroberfläche. Erst mit Beginn der Abenddämmerung erwacht er zu erhöhter Aktivität. Bei Störung verfällt er in einen Starrezustand, in dem die Beine nach vorne und hinten ausgestreckt werden. Auch er ernährt sich von Insekten, wobei er Mückenlarven bevorzugt. Die Vorderbeine sind als Greiforgane eingerichtet. Die Beute wird auf eine feste Unterlage getragen und dort in Ruhe ausgesaugt. Im Frühjahr findet die Paarung statt, und die Ablage der spindelförmigen Eier erfolgt an Uferpflanzen, wobei sie mit einer Haftscheibe an einem kurzen Stielchen befestigt werden. Die ausgewachsenen Tiere überwintern an Land.

Nach diesen beiden Oberflächentieren folgen die Schwimmwanzen. Zunächst wäre hier über die Ruderwanze, *Corixa punctata,* zu sprechen, die mit ihrem fla-

Die Ruderwanze ist klein von Gestalt, erweist sich aber als geschickter Schwimmer.

chen Körper die größte der zahlreichen Arten bildet. Hier handelt es sich um einen sehr gewandten Schwimmer, dessen mit Haarsäumen besetzte Hinterbeine einen kräftigen Antrieb ermöglichen. Die Vorderbeine hingegen bleiben kurz und dienen lediglich zum Herbeischaufeln von Algen und Detritus. Hier haben wir es mit einer vegetarischen Art zu tun. Zum Luftholen berührt sie den Wasserspiegel mit ihrem Vorderkörper und lagert einen Vorrat in der feinen Behaarung unter dem Halsschild und unter den Flügeln. Ruderwanzen können sehr gut fliegen und sind sogar dazu befähigt, direkt vom Wasser aus zu starten. Männchen geben Laute von sich, weshalb sie auch gelegentlich „Wasserzikaden“ genannt werden. Zur Begattung hält das Männchen seine Partnerin mit den Vorderbeinen fest. Die Eier werden an Wasserpflanzen festgeklebt, und die Jungen müssen fünf Larvenstadien überstehen. Im Laufe des Jahres kann es zu zwei Generationen kommen. Erwachsene Exemplare können überwintern.

Die Schwimmwanze, *Naucoris cimicoides,* zieht ruhige, pflanzenreiche Gewässer vor. Sowohl die Körperunterseite als auch der Rücken des Hinterleibes weisen eine samtige Behaarung auf. Die darin festgehaltene Luft vermittelt ein silbriges Aussehen. Zum Ergänzen des Luftvorrates wird der Hinterleib aus dem Wasser gestreckt. Die kräftigen, mit Schwimmhaaren besetzten Beine ermöglichen schnelle Fortbewegung. Mit den Vorderbeinen wird die Beute festgehalten und zum Rüssel geführt. Zur Paarung begibt sich das Männchen auf den Rücken des Weibchens, das dann mit Hilfe eines Legestachels die Eier unter der Wasseroberfläche in Pflanzen einsticht. Nach wenigen Wochen schlüpfen die Larven und durchlaufen fünf Häutungen. Die erwachsenen Tiere überwintern unter Wasser. Auch die Schwimmwanze kann fliegen.

Nun zum Rückenschwimmer, *Notonecta glauca,* der, wie sein Name schon sagt, auf dem Rücken schwimmt. Deshalb sind bei ihm auch die flache Bauchseite dunkel und der dachförmige Rücken hell gefärbt. Die Atemluft wird in zwei durch Haare gebildete Rinnen am Bauch gespeichert. Dadurch wird ein Auftrieb gewährleistet, der das Tier knapp unter der Oberfläche hält. Insgesamt wird der Rückenschwimmer so leichter als Wasser. Auch die Fähigkeit zu fliegen hat er sich erhalten, muß dazu aber zunächst an Land gehen, um sich vor dem Start zu trocknen. Hierzu nimmt er allerdings Bauchlage an. Sein Leben verläuft räuberisch und weder andere Insekten noch Kaulquappen, Molchlarven oder sogar Fischbrut sind vor ihm sicher. Die Begattung dauert mehrere Stunden, wobei Männchen und Weibchen schief aneinander hängen. Ein Legestachel dient dazu, die Eier in Pflanzengewebe einzubohren. Nach der Begattung sterben die ausgewachsenen Tiere. Die Larven müssen fünf

Zu den merkwürdigsten Bewohnern unseres Gartenteiches zählt der Wasserskorpion. Auch er gehört zu den Wanzen. Foto: Dr. HERKNER

Häutungen durchstehen. Rückenschwimmer leben nicht gesellig. Man glaubt sogar, eine gewisse Art von Revierbildung festgestellt zu haben. Wegen seiner Fähigkeit, schmerzhaft zu stechen, kommt ihm auch der Name „Wasserbiene" zu.

Doch nun wollen wir ein seltsames Lebewesen näher betrachten, den Wasserskorpion, *Nepa rubra.* Dieses gelbbraune Insekt hat eine flache, relativ breite Gestalt mit rötlichen Flecken auf dem Rücken des Hinterleibes. Die Vorderbeine stehen rechtwinklig ab, wobei das erste Glied klappmesserartig eingeschlagen erscheint. Ein Atemrohr dient ihm zum Luftholen, und unter den Flügeldecken wird der Luftvorrat abgelagert. Als Lauerjäger hält er sich zwischen Pflanzen versteckt und wartet auf vorbeikommende Beute, die dann mit den Fangbeinen ergriffen und zum Rüssel geführt wird. Sein Stich ist für das Opfer tödlich und kann selbst für Menschen schmerzhaft sein. Das Frühjahr ist die Zeit der Begattung, und anschließend werden die Eier in weiches Pflanzengewebe eingedrückt. Auch die Larven verfügen über ein Atemrohr und müssen zum Luftholen die Wasseroberfläche aufsuchen. Aufgrund seiner zurückgebildeten Flügelmuskeln fliegt er nur schlecht, und auch

Die Blutzikade schmückt sich mit schwarz-roter Pracht. Ihr Larvennest wird im Volksmund als „Kuckucksspeichel" bezeichnet.

das Schwimmen kann nicht als seine Stärke bezeichnet werden. Dieser Wasserskorpion lebt bevorzugt in flachem Wasser, und manchmal gräbt er sich sogar in den Schlamm ein, um so unentdeckt seine Opfer erbeuten zu können.

Noch merkwürdiger als der Skorpion zeigt sich die Stabwanze, *Ranatra linearis.* Fast könnte man glauben, ein Stückchen Holz vor sich zu haben, wenn man dieses überschlanke, stabheuschreckenähnliche Wesen wahrnimmt. Die graubraune Färbung und der rötlich angehauchte Hinterleibsrücken tun ein übriges dazu, um diesen Eindruck zu vertiefen. Nur die Bewegung der langen Beine verrät das Lebewesen. Die Vorderbeine mit dem ersten einklappbaren Glied dienen der Ergreifung der Beute, was gewöhnlich als blitzschneller Fangschlag geschieht. Dann wird in üblicher Art das Opfer zum Rüssel geführt, dessen Stich den sofortigen Tod zur Folge hat. Auch Menschen können ihn schmerzhaft empfinden. Die Stabwanze lebt meist gut getarnt zwischen Wasserpflanzen. Zum Laufen an Land werden nur die beiden hinteren Beinpaare benützt. Sie kann auch fliegen und, wenn sie will, recht geschickt schwimmen. Außerdem verfügt sie über ein Zirporgan.

Zum Ende dieses Kapitels ein paar Worte über Zikaden: Es gibt einige recht unauffällige Vertreter, die zu beschreiben sich nicht lohnt. Einzig über die ansprechend wirkende Blutzikade, *Cercopis vulnerata,* sollen einige Worte gesagt werden. Das Tier erreicht eine Körperlänge von kaum mehr als einem Zentimeter und fällt besonders durch seine rotschwarze Rückenzeichnung auf. Doch das bleibt nicht das einzige. Immer wieder können wir an Pflanzen speichelartige Gebilde hängen sehen, denen dann auch der Volksmund den Namen „Kuckucksspeichel" verliehen hat. Hier handelt es sich um das Larvennest der Schaumzikaden, zu denen auch unsere Art gehört. Die in diesem merkwürdigen Nest eingeschlossenen Larven saugen an den Pflanzen, doch wenn der Bestand nicht überhand nimmt, sind keine größeren Schäden zu befürchten.

Bunte Käfer

Hier fällt es wieder einmal recht schwer, die richtige Auswahl zu treffen, denn von den Käfern gibt es so viele Arten, daß schon dicke Bücher darüber geschrieben wurden. Wir wollen uns deshalb auf einige besonders auffallende, bunte Tiere beschränken, auf weitere, die wir im Garten gerne sehen, weil sie uns eindeutig Nutzen bringen, und auf solche, die in unserem Teich leben.

Bis jetzt war immer von Insekten die Rede, die nach dem Schlupf ein Larvenstadium mit mehrmaligen Häutungen durchlaufen und sich dabei zum fertigen Tier verwandeln. Jetzt jedoch hören wir von einer vollkommenen Metamorphose, bei welcher die aus dem Ei geschlüpften Larven schließlich ein Puppen-Ruhestadium überdauern und dann erst zum fertigen Käfer werden. Auch bei Käfern finden wir verschiedene Ernährungsformen. Die einen leben räuberisch und andere wieder rein vegetarisch. Als Zwischending mögen solche gelten, die entweder von Aas oder auch von Abfallstoffen ihren Nahrungsbedarf decken.

Wenn wir schon kaum mehr einen Goldlaufkäfer finden, müssen wir uns eben mit weniger prächtigen Arten aus dieser Gruppe zufriedengeben.

Leider sind Käfer inzwischen insgesamt sehr selten geworden, und wir sollten uns freuen, wenn wir in unserem Garten diese häufig sehr schönen Insekten entdecken.

Der grüne Räuber

Eigentlich ist dies mehr eine Erinnerung an meine Jugendzeit, als es mir noch vergönnt war, diesem herrlichen Käfer in unserem Garten regelmäßig zu begegnen. Die Zeiten scheinen vorbei zu sein, und ich kann nur hoffen, daß in anderen Gegenden auch heute noch so ein Erlebnis möglich ist: Der Goldlaufkäfer, *Carabus auratus,* wird fast drei Zentimeter lang und schmückt sich mit einem metallisch glänzenden Grün, während seine Beine, seine Taster und der untere Teil seiner Fühler sich durch ein helles Rot absetzen. Seine natürliche Heimat liegt in Feldern und an Waldrändern. Durch sein tagaktives Leben und sein auffälliges Äußeres läßt er sich nicht übersehen. Als gefräßiger Räuber jagt er stets nach Beute, die aus anderen Insekten, auch Käfern und sogar aus Schnecken besteht. Er würde sich in unseren Gärten sehr nützlich machen, wenn er nicht so selten wäre. Das Weibchen legt über 50 Eier, und auch die Larven jagen morgens und in der Abenddämmerung. Die fertigen Käfer schlüpfen schon im Herbst, machen sich aber dann sofort an die Überwinterung, um erst im nächsten Frühling mit ihrem eigentlichen Leben zu beginnen.

Außer diesem Prachtstück gibt es noch manchen anderen Laufkäfer, der sogar in unseren Gärten gelegentlich angetroffen werden kann. Leider kommen diese Käfer nicht annähernd an die Schönheit des Goldlaufkäfers heran, doch nützlich sind sie alle, und wir sollten uns freuen, wenn wir auch nur einen unscheinbaren Vertreter dieser Gruppe bei uns finden. Ähnlich schön wäre nur noch der Große Puppenräuber, *Calosoma sycophanta,* der fast noch etwas größer und vor allem breiter wird und sich ebenfalls gelegentlich in unsere Gärten verirrt. Wenn einmal die Idee des Wohnbiotops weiter um sich gegriffen hat, dann dürfen wir hoffen, daß solche Schönheiten sich auch bei uns wieder heimisch fühlen.

MAIKÄFER UND ROSENKÄFER

Der Maikäfer, *Melolontha melolontha,* der früher in schier unvorstellbaren Mengen auftrat, scheint heute fast ausgestorben zu sein. Zugegeben, er konnte sich schon als echte Plage erweisen und ganze Bäume kahl fressen, und seine Larven, die Engerlinge, gehen auch nicht gerade zimperlich um mit den Wurzeln, von denen sie leben, und dennoch kann man sich schwer damit abfinden, daß es heutzutage schon zu den Seltenheiten gehört, einen solchen Käfer zu finden. Am ehesten geht dies noch beim Konditor, denn als Schokoladentiere sind sie bis heute beliebt geblieben.

Doch sein kleiner Verwandter, der Gartenlaubkäfer, *Phyllopertha horticola,* der häufig auch Junikäfer genannt wird, zählt immer noch zu den Bewohnern unserer Gärten. Seine hell- bis orangebraunen Flügeldecken heben sich deutlich von dem dunkleren Kopf ab. Der Käfer hält sich in Bäumen und gelegentlich in Blüten auf. Seine Larve lebt von Wurzeln. Bei massiverem Auftreten könnte er möglicherweise als Schädling eingestuft werden, doch dies ist bei dem momentanen Angebot nicht zu befürchten, und sogar früher, als

o: Dieser kleine Käfer ist mit dem bekannten Maikäfer verwandt. Da er später auftritt, wird er sinngemäß als Junikäfer bezeichnet.

u: Der Rosenkäfer wirkt zwar plump, besticht jedoch durch seine metallischgrüne Farbe.

er noch wesentlich häufiger war, hielten sich die von ihm verursachten Schäden in engen Grenzen. Meist schaffen wir Menschen in Form von Monokulturen die Grundlagen dafür, daß ein bisher harmloses Tier sich plötzlich zum Schädling auswächst.

Auch der Rosenkäfer, *Cetonia aurata,* gehört in die weitere Verwandtschaft. Auch hier handelt es sich um einen glänzend grünen Käfer, der ungefähr zwei Zentimeter lang wird und im ganzen gesehen ein etwas plumperes Aussehen zeigt. Er lebt in Blüten, und seine Larve entwickelt sich in morschem Holz oder in Kompost. Gelegentlich können wir ihn sehen, obwohl selbst er inzwischen so selten wurde, daß man ihn unter Naturschutz stellte.

All die genannten Arten, vom Maikäfer bis zum Rosenkäfer, gehören in die weitere Verwandtschaft der Dungkäfer, auf deren Beschreibung verzichtet wurde, weil sie erfahrungsgemäß kaum in unseren Gärten zu finden sein werden. Nur am Rande sei vermerkt, daß in diesen Kreis auch der Scarabäus gehört, der den alten Ägyptern heilig war und ganz allgemein als Glückssymbol galt.

Glühwürmchen und Weichkäfer

Das Glühwürmchen würde man sich gern anders vorstellen, aber in Wirklichkeit handelt es sich um einen düster-bräunlich gefärbten Käfer, dem man nicht zutrauen möchte, daß er imstande ist, warme Juninächte mit einem geheimnisvollen Zauber zu erfüllen. Nur die Männchen können fliegen.

Die flugunfähigen Weibchen halten sich zwischen Pflanzen am Boden auf. Beide Geschlechter verfügen über Leuchtorgane, die an der Bauchseite gelegen sind. Nachdem die am Boden liegenden Weibchen ihren Körper aufwärts krümmen, sind ihre Lichter sichtbar und erleichtern offensichtlich den Männchen das Auffinden paarungswilliger Partnerinnen.

Meist erstreckt sich das Leuchten an den einzelnen Abenden auf etwa drei Stunden. Durch das Enzym Luciferase wird mit Hilfe von Sauerstoff das Licht erzeugt. Die geschlechtsreifen Tiere nehmen keine Nahrung mehr zu sich und sterben nach der Begattung.

Die Eiablage erfolgt am Boden und bereits dem Gelege ist eine gewisse Leuchtkraft gegeben. Die Larve überwintert in halb erwachsenem Zustand. Nach fünf Häutungen erfolgt im Frühjahr die Verpuppung, aus welcher nach acht bis elf Tagen die fertigen Insekten hervorgehen.

Die Larven ernähren sich von Nackt- und Gehäuseschnecken. Sie töten diese durch Gift, welches sie aus einem Kanal in den Kiefern ausscheiden. Wir haben also mit dem Glühwürmchen, *Lampyris noctiluca,* ein äußerst nützliches Tier vor uns,

Das Glühwürmchenweibchen liegt am Boden und sendet Lichtsignale aus, um Partner anzulocken.

Ein räuberisches Dasein führt der Soldatenkäfer. Da jedoch Raupen und sogar Blattläuse zu seinen Lieblingsspeisen zählen, kann er uns nur willkommen sein.

das uns wenigstens ein bißchen hilft, der Schneckenplage Herr zu werden. Leider gibt es nicht genug davon. Erfahrungsgemäß lieben die Larven verrottendes Laub, und man sollte deshalb bestrebt sein, zumindest unter Bäumen und Sträuchern genug davon liegen zu lassen. Diesen Käfer zu fördern liegt wirklich in unser aller Interesse. Nicht nur, daß er warme Nächte verzaubert, er dezimiert zudem als einer der wenigen die unbeliebten Schnecken. Mehr können wir wirklich nicht erwarten.

Gelegentlich sehen wir auch einmal einen Weichkäfer, den Soldatenkäfer, *Cantharis fusca*. Er hält sich im Sommer auf blühenden Kräutern, Büschen und Gräsern auf. Die Käfer jagen Kleintiere wie Raupen, und sogar Blattläuse stehen auf ihrem Speisezettel. Ihr Nutzen kann nicht in Abrede gestellt werden. Die Eier werden im Mai abgelegt, und schon im Juni schlüpfen die Larven, die sich von holzzerstörenden Insekten oder anderen Kleintieren ernähren. Sie überwintern in der Erde, und erst im März des nächsten Jahres erfolgt die Verpuppung. Der Käfer hat eine längliche, flache Gestalt. Der Hinterleib ist schwarz, während die Kopfpartie ein Gelbrot zeigt. Auffallend sind die deutlich verlängerten Fühler.

DIE GELIEBTEN MARIENKÄFER

Wenn wir vom Marienkäfer sprechen, denken wir an den mit sieben Punkten, *Coccinella septempunctata.* Es ist dies auch der häufigste von allen, und es dürfte kaum einen Garten geben, in dem man ihn nicht wenigstens gelegentlich finden kann. Möglicherweise handelt es sich hier um ein Problem der Nahrungskette: Marienkäfer fressen Blattläuse, und von denen gibt es wirklich genug.

Doch wir wollen zunächst dieses beliebte Tierchen genauer betrachten. Sein halbkugeliger Körper erscheint durch die Flügeldecken in einem kräftigen Rot mit kontrastreich abgesetzten schwarzen Punkten. Seine Vermehrung verläuft so produktiv, daß jedes Jahr zwei Generationen erscheinen. Zunächst sehen wir die überwinterten Käfer schon im zeitigen Frühjahr. Sie gehen, sobald es die Witterung erlaubt, ihrem Fortpflanzungsgeschäft nach, und im späten Frühling schlüpfen die Käfer der ersten Generation. Man kann sie recht gut daran erkennen, daß ihre Flügeldecken mehr ins Orange weisen. Die zweite Generation folgt im Spätsommer, und dabei entstehen die wirklich roten Tiere. Also werden wir im Herbst und im zeitigen Frühjahr rote Exemplare finden und dann

l: Seit jeher gilt der Siebenpunkt-Marienkäfer als Glückssymbol.

Von den Marienkäfern gibt es etwa 70 verschiedene Arten. Alle betätigen sich als eifrige Blattlausvertilger. Man kann gar nicht genug davon im Garten haben.

vom Frühlingsende bis in den Sommer hinein hauptsächlich orangegefärbte. Wichtig wäre, zunächst einmal zu wissen, daß es sich hier nicht um zwei verschiedene Arten handelt. Mit sieben schwarzen Punkten ist es immer dieselbe.

Diese Käfer haben recht interessante Merkwürdigkeiten. Zum einen können sie sehr gut fliegen. Sie brauchen nur einmal ein solches Tier in die Hand zu nehmen und anzuhauchen, so wird es, angeregt durch die Wärme, alsbald seine Flügel entfalten und davonschwirren. Wenn man es stört, läßt es sich fallen und stellt sich tot. Dies dürfte als Schutzmechanismus gegen eventuelle Freßfeinde gedacht sein. Eigentlich hätte der Käfer so etwas gar nicht nötig, weil er ohnehin nur selten als willkommene Beute betrachtet wird. Er kann nämlich in Bedrängnis eine gelbe Blutflüssigkeit ausscheiden, die eine abschreckende Wirkung haben muß. Selbst Ameisen ergreifen die Flucht, wenn sie mit diesem Blut in Berührung kommen.

Im Frühjahr erfolgt die erste Eiablage. Meist geschieht dies gruppenweise an Blattunterseiten oder auch in Rindenritzen. Bevorzugt werden dabei Stellen, an denen sich Blattlauskolonien angesiedelt haben. Die weichhäutigen Larven zeigen sich sehr beweglich und durchlaufen vier Stadien. Die Puppe hängt mit dem Kopf nach unten und befestigt dabei ihr Hinterende mit einem aus dem After austretenden Sekret.

Doch nun kommt das Allerwichtigste. Sowohl die Larven als auch die fertigen Käfer leben fast ausschließlich von Blattläusen, und da beide einen großen Appetit entwickeln, sind die Mengen, die sie verzehren, beträchtlich. Wir können also im Marienkäfer einen wirksamen Helfer im Kampf gegen die oft in großer Zahl auftretenden Parasiten sehen, und somit bleibt uns kein anderer Wunsch, als möglichst viele von diesen reizvollen Käfern in unseren Gärten zu haben.

Der Siebenpunkt ist jedoch längst nicht der einzige, den wir aus dieser Käferfamilie finden können. Es gibt bei uns an die 70 verschiedene Arten, und alle haben mehr oder weniger die gleiche Lebens- und Ernährungsweise. Es würde zu weit führen, auch nur die wichtigsten aufzulisten und zu beschreiben, und es bleibt Ihnen die Möglichkeit, sich anhand der entsprechenden Bilder zu informieren.

DIE SELTSAMEN BOCKKÄFER

Die meisten von ihnen haben einen langgestreckten Körper, lange Beine und relativ lange Fühler. Sie ernähren sich ausschließlich vegetarisch, sie halten sich in den Bäumen auf, auch in Blüten, und stiften praktisch keinen Schaden. Die Eier werden unter Baumrinden oder auch bevorzugt in morsches Holz abgelegt. Die walzenförmigen Larven bohren dort Gän-

Bockkäfer wirken durch ihre schlanke Gestalt und die langen Fühler sehr elegant. Ihre Larven leben von altem Holz und leisten damit einen wertvollen Beitrag zur Humusbildung.

ge, die sich schließlich mit Bohrmehl anfüllen. Hiermit kommt einem großen Teil der Bockkäfer eine wichtige Aufgabe in bezug auf die Humusbildung zu. Wenn in unserem Wohnbiotop genügend altes Holz, wie etwa Wurzeln, zur Verfügung steht, dürfen wir fest damit rechnen, auch Bockkäfer beobachten zu können.

Einen der schönsten finden wir in Form des Moschusbocks, *Aromia moschata,* der seinen Namen dem Umstand zu verdanken hat, daß er einen moschusartigen Geruch ausströmt. Besonders alte Weiden werden von ihm bevorzugt, und ihm zuliebe sollte man solche Stümpfe stehenlassen, die nicht nur ihm, sondern auch dem Specht nützen. Die Farbe seiner Flügeldecken glänzt in einem metallischen Grün und hebt sich deutlich von dem schwarzen Kopf ab. Er ernährt sich von Baumsäften, ist aber kaum imstande, Schaden zu verursachen. Die Salicylsäure des Weidenholzes verarbeitet er zu Duftstoffen, woraus letztendlich sein charakteristischer Geruch resultiert. Der Rothalsbock, *Leptura rubra,* hält sich bevorzugt in Doldengewächsen auf. Bei diesem Käfer zeigen sich deutliche Geschlechtsunterschiede. Das Männchen ist erheblich kleiner, hat gelbbraune Flügeldecken, einen schwarzen Kopf und gelbe Beine. Die Flügeldecken des größeren Weibchens sind rotbraun. Dieses Insekt kann als besonders wichtiger Humusproduzent gelten, da seine Larven sich vorwiegend in totem Fichten- oder Kiefernholz entwickeln und durch das Graben von Gängen dieses zu Pulver zermahlen. Wenn sich in unserem Garten genügend solcher alten Holzstücke befinden, können wir mit großer Wahrscheinlichkeit damit rechnen, daß gerade die letztere Art sich einfinden wird.

In unserer Heimat gibt es 180 verschiedene Bockkäferarten, und es mag mit Sicherheit noch die eine oder andere in unseren Gärten zu beobachten sein, doch die beiden gezeigten Beispiele mögen genügen, um etwas über Art und Lebensweise solcher Tiere zu erfahren. Auf jeden Fall soll betont werden, daß Bockkäfer zu den interessantesten und zugleich schönsten Gliedern unserer heimischen Insektenfauna zählen.

KÄFER, DIE IM WASSER LEBEN

Zuletzt wollen wir uns wieder einmal unserem Teich zuwenden und uns auch dort nach Käfern umsehen. Da wäre zuerst einmal über den Furchenschwimmer, *Acilius sulcatus,* zu sprechen, der sich im allgemeinen in neu angelegten Teichen bald einstellt. Er wird nicht einmal zwei Zentimeter lang und gehört zu den ständig

Der räuberisch lebende Furchenkäfer stiftet infolge seiner geringen Größe keinen sichtbaren Schaden.

schwimmenden Suchjägern. Die Männchen haben glatte Flügeldecken, und die Weibchen zeigen dort vier bräunlich behaarte Längsfurchen. Zum Atmen streckt er seinen Hinterkörper aus dem Wasser heraus und nimmt Luft auf, die er unter den Flügeldecken einlagert. Die Nahrung wird mit den kauenden Mundteilen zerkleinert und dann stückchenweise verschlungen. Zur Begattung heftet sich das Männchen an den Halsschild des Weibchens. Dieses legt anschließend mit Hilfe eines langen, dünnen Legestachels die Eier in Ritzen und Spalten außerhalb des Wassers ab. Gleich nach dem Schlüpfen streben die Larven ins Wasser. Ihre Beine sind mit Haaren besetzt, und sie können gut schwimmen. Durch Auf- und Abschlagen des Hinterleibes kann sowohl gebremst als auch beschleunigt werden. Sie ernähren

Die Gelbrandlarve zählt ebenso wie der Käfer selber zu den gefräßigsten Räubern. Man sollte sie nach Möglichkeit im Gartenteich nicht aufkommen lassen. Foto: Dr. HERKNER

sich räuberisch. Durch dolchförmige, gebogene Mundwerkzeuge spritzen sie Verdauungssäfte in ihr Opfer, um dieses dann auszusaugen. Die Verpuppung erfolgt an Land in einer selbstgegrabenen Erdhöhle. Die fertigen Käfer überwintern unter Wasser und dies häufig in leeren Schneckenhäusern.

Der Gelbrandkäfer, *Dytiscus marginalis*, dürfte als unser schönster Schwimmkäfer gelten. Er wird über drei Zentimeter lang und verfügt über eine auffallende gelbe Umrandung. Die Flügeldecken der Männchen sind glatt, während die der Weibchen Längsriefen zeigen. Die Begattung erfolgt im Wasser, wobei sich das Männchen am Halsschild des Weibchens festsaugt. Die Larven haben dolchartige, gebogene Mundzangen und ernähren sich in der selben Weise wie der vorher besprochene Furchenschwimmer. Sowohl Käfer als auch Larven gelten als ungeheuer gefräßig, und die Käfer scheuen nicht einmal davor zurück, Fische anzugreifen. Auch hier verpuppt sich die Larve an Land. Sie versucht durch Festbeißen mit den Mundzangen und Nachziehen des Körpers eine geeignete Erdhöhle zu erreichen. Die Käfer schlüpfen zwei Wochen später und überwintern an Land. Es gibt noch zwei Ver-

Der Kolbenwasserkäfer ist der größte von allen. Er ernährt sich rein vegetarisch. Leider ist er sehr selten geworden. Foto: Dr. HERKNER

wandte, den Großen Gelbrandkäfer, *Dytiscus latissimus,* und den Gaukler, *Cybister laterimarginalis.* Alle drei sind gefährliche Räuber, und sollten sie einmal in Ihrem Teich auftauchen, so sei Ihnen dringend empfohlen, sie herauszufangen und in der Natur wieder auszusetzten. In unserem Teich könnten sie in dem begrenzten Raum zuviel Schaden anrichten.

Schließlich wäre noch über den Kolbenwasserkäfer, *Hydrous piceus,* zu sprechen. Es ist dies mit fünf Zentimeter Länge unser größter Wasserkäfer. Oberseits zeigt er sich glänzend schwarz, und die Weibchen haben einen Spinnapparat am Hinterleibsende. Sie spinnen einen Eikokon, der nahe der Oberfläche unter einem Wasserpflanzenblatt plaziert wird und seine Luft durch einen aus dem Wasser herausragenden Mast bezieht. Die Larven fressen hauptsächlich Schnecken und sind im Spätsommer erwachsen. Sie verpuppen sich in einer Erdhöhle an Land. Der fertige Käfer schlüpft im Herbst und überwintert vermutlich unter Wasser. Er versorgt sich durch kolbenartige Fühler mit Luft, welche er an der feinbehaarten Bauchseite speichert. Sein Körper zeigt eine deutliche Wölbung nach oben. Beim Schwimmen bewegen sich seine Beine nicht gleichzeitig, sondern alternierend. Als Vegetarier wäre er jederzeit in unserem Teich willkommen, doch leider ist er inzwischen sehr selten geworden. Zu seinen Verwandten zählen der zwei Zentimeter lange Stachelwasserkäfer, *Hydrophilus caraboides,* und der noch kleinere *Hydrobius fuscipes.* Auch diese beiden schwarzen Wasserkäfer gehören zu den Vegetariern.

Als letzter soll der Taumelkäfer, *Gyrinus natator,* erwähnt werden, den ich als das liebenswürdigste Insekt unseres Teiches bezeichen möchte. Es ist ein winziges Kerlchen mit einer Länge von weit unter einem Zentimeter, hat eine ovale Gestalt und zieht nimmermüde seine Kreise an der Wasseroberfläche. Meist finden sich mehrere zusammen und vermitteln den Eindruck, als würden sie miteinander spielen. Man könnte ihnen stundenlang dabei zusehen. Sie ernähren sich von lebenden und von toten Tieren, die sie mit ihren langen Vorderbeinen ergreifen und zum Mund führen. Daß dies nur Kleinlebewesen sein können, versteht sich von selbst. Wenn auch die Nahrung meist kurz unter der Wasseroberfläche erbeutet wird, so können diese Käfer dennoch tauchen. Die Vorderfüße mit winzigen Saugnäpfen dienen dem Männchen zum Festhalten des Weibchens bei der Begattung. In Schnüren werden die Eier unter Wasser an Wasserpflanzen abgelegt. Die langgestreckten Larven leben räuberisch. Zur Verpuppung gehen sie an Land oder an aus dem Wasser herausragende Wasserpflanzen. Sie fertigen einen Kokon aus Erde und Pflanzenteilen, der durch eine gelatinöse Substanz zusammengehalten wird. Die jungen Käfer schlüpfen im Frühherbst und überwintern vermutlich an Land. Von allen Wasserkäfern haben sie den perfektesten Ruderapparat, wobei die Hinterbeine 50-60 Schläge in der Sekunde ausführen. Die mittleren Beine funktionieren nur halb so schnell. Ihr Auge ist in einen Überwasser- und in einen Unterwasserteil getrennt. Abschließend sei noch einmal gesagt: Taumelkäfer stellen eine echte Bereicherung unseres Teichbiotops dar!

Taumelkäfer sind die reinsten Clowns und erfreuen uns durch ihre munteren Spiele.

Die fleissigen Ameisen

Auch die Ameisen dürfen nicht vergessen werden, handelt es sich doch um hochinteressante Insekten, die Staaten bilden. Das Volk setzt sich zusammen aus drei Kasten, von denen die zahlenmäßig größte aus sterilen weiblichen Tieren besteht, den sogenannten Arbeiterinnen. Sie sorgen für die Herbeischaffung der Nahrung, sie pflegen das Nest und die Brut, und eine ihrer wichtigsten Aufgaben liegt in der Verteidigung der Gemeinschaft. Sie setzen dabei eine selbstgebildete Chemikalie ein, die Ameisensäure, die auch auf der menschlichen Haut ein unangenehmes Brennen verursacht, für Kleintiere jedoch tödlich, zumindest jedoch lähmend wirkt. Dieser Stoff wird demgemäß auch zur Jagd eingesetzt, und es erscheint geradezu erstaunlich, daß wesentlich größere Tiere von den in diesem Falle geradezu unheimlich wirkenden kleinen Insekten überwältig werden können. Auch setzt die Kraft der Arbeiterinnen in Erstaunen, die ein Vielfaches ihres Eigengewichtes zu schleppen vermögen.

Unter den weiblichen Tieren treten fruchtbare, geflügelte Individuen auf, die später zu Königinnen werden. Auch die Männchen haben die Fähigkeit zu fliegen. Gemeinsam begeben sie sich auf den Hochzeitsflug, wobei die späteren Königinnen begattet werden. Anschließend an die Begattung suchen sie einen geeigneten Nistplatz, nachdem sie vorher ihre Flügel abgeworfen haben. Die Männchen haben mit der Vollendung ihres Fortpflanzungsgeschäftes ihren Lebenszweck erfüllt und sterben.

Zunächst legt nun das befruchtete Weibchen, die Königin, unermüdlich Eier, aus denen unfruchtbare Weibchen, also Arbeiterinnen, hervorgehen. Später folgen dann Geschlechtstiere, und der Kreislauf beginnt von neuem. Eine Königin lebt viele Jahre lang.

In unseren Gärten können wir hauptsächlich die Schwarze Wegameise, *Lasius niger,* finden, die an verschiedenen Plätzen unter der Erde nistet und ihr Nest mit einem Erdhügel bedeckt, dessen Höhe weniger als einen Zentimeter beträgt. Diese Art hat sich auf das „Melken" von Blattläusen spezialisiert, wobei sie einen zuckerhaltigen Saft aufnimmt, den diese abgeben. Man könnte sogar davon sprechen, daß sie diese Pflanzenparasiten „züchten", zumindest im übertragenen Sinn, weil sie als Nebenbeschäftigung auch deren Feinde abhalten. Diese Gattung kann uns also nicht gerade willkommen sein, doch wenn sie sich nicht übermäßig vermehrt, sollte man sie gewähren lassen.

Eine weitere Art werden wir vermutlich in Form der Rasenameise, *Tetramorium*

Man kann von Glück sprechen, wenn eine rastlose Ameise eine kurze Pause einlegt, die es erlaubt, sie zu fotografieren.

caespitum, finden. Die Tiere sind dunkelbraun und ihr Nest liegt tief im Boden vergraben. Abgedeckt wird es mit Erde oder anderen Materialien.

Solche Ameisen können lästig, aber niemals ausgesprochen schädlich sein. Unangenehm werden sie nur, wenn sie in die Häuser eindringen, und in solchen Fällen wird uns nichts anderes übrigbleiben, als etwas dagegen zu unternehmen. Sollten wir jedoch, was allerdings nur sehr selten vorkommen wird, die Rote Waldameise, *Formica rufa,* in unserem Garten entdecken, so müssen wir sie unbedingt schützen, da sie zu den nützlichsten Insekten gehört, die wir uns nur wünschen können. Sie baut die bekannten stattlichen Haufen, die aber nur die Abdeckung des eigentlichen Nestes ausmachen. Hier sei ergänzend vermerkt, daß die im Volksmund als Ameiseneier bezeichneten Gebilde die Puppen darstellen.

Natürlich haben Ameisen auch viele Feinde, die dafür sorgen, daß ihr Bestand nicht überhandnimmt. Einen der bekanntesten finden wir im Grünspecht, dessen Leibspeise sie darstellen und der sie mit seiner klebrigen Zunge aufsammelt.

Bienen und Hummeln

Kaum öffnen sich die ersten Blüten, sind auch schon Bienen zur Stelle. Unsere Honigbiene, *Apis mellifera,* dürfte jedem bekannt sein, so daß sich eine nähere Beschreibung erübrigt. Nur kurz sei vermerkt, Drohnen, die männlichen Tiere, Arbeiterinnen und die Königin, die Eier legt und so für den Bestand sorgt, werden als die Gemeinschaft eines Bienenvolkes betrachtet. Den beliebten Honig verdanken wir ihnen, und unsere Honigbiene hat schließlich einen Siegeszug rund um die Welt angetreten. Doch die Sache mit dem Honig spiegelt nur ihre wirtschaftliche Bedeutung wider. Im Haushalt der Natur haben sie eine ganz andere Aufgabe zu erfüllen: Sie gehören zu den eifrigsten Bestäubern der Blüten.

Das werden diese Tiere allerdings kaum als ihre Hauptaufgabe sehen, sondern es bleibt sozusagen ein Nebenprodukt ihrer Tätigkeit, wenn sie beim Besuch der Blüten Pollen abstreifen, diesen mit sich herumtragen und damit die nächste Blüte befruchten. Durch die Tatsache, daß der Mensch die Bienen fördert, werden über alle Zeiten hinaus Blütenbefruchter zur Verfügung stehen, auch wenn andere Insekten immer seltener werden. Doch kann die Abhängigkeit von Insekten und Blüten zu gegenseitigem Nutzen nicht deutlich genug hervorgehoben werden. Da ein Bienenvolk aus 40 000 bis 70 000 Tieren besteht, wird man sich gut ausmalen können, welche Tragweite auch nur die Anwesenheit eines einzigen Stockes für das pflanzliche Leben mit sich bringt.

Sie haben allerdings eine nicht ganz angenehme Eigenschaft: Sie gehören zu den stechenden Insekten. Ihr Stich kann sogar eine gewisse Giftwirkung hervorrufen. Doch wenn man sie nicht in die Hand nimmt, sie tritt oder nach ihnen schlägt, wird man kaum jemals mit diesen Insekten unangenehme Erfahrungen sammeln.

Dasselbe gilt übrigens auch für die Wespen, deren häufigste wir als die Deutsche Wespe, *Vespula germanica,* kennen und sogar für die zu Unrecht gefürchtete Hornisse, *Vespa crabro.* Auch sie verhalten sich friedlich, wenn man sie nicht bedrängt. Sollte man aber in einem Nest herumstochern, dann kann es durchaus vorkommen, daß man sich wütenden Angriffen ausgesetzt sieht. Doch dies muß man ja schließlich auch nicht tun. Nur am Rande sei vermerkt, daß die Hornisse mit Vorliebe ihre kleineren Schwestern, die Wespen, jagt. Immer wieder sehen wir Beispiele, wie eine Art dafür sorgt, daß sich eine andere in Grenzen hält.

Nur auf einen kleinen Unterschied zwischen Bienen und Wespen möchte ich hinweisen. Die Wespe hat nur einen einfachen

Sobald sich im Frühjahr die ersten Blüten öffnen, erscheinen auch die fleißigen Bienen, die uns mit Honig versorgen und im Zuge ihrer Sammeltätigkeit die Blüten befruchten.

Stachel, den man, wenn er überhaupt stecken bleibt, gegebenenfalls unschwer mit einer Pinzette herausziehen kann, während derjenige der Honigbiene mit einem Widerhaken versehen und damit nicht ganz so leicht zu entfernen ist.

Doch noch einmal zurück zu den Bienen. Außer der honigliefernden gibt es noch einige ganz andere. Eine davon wollen wir besonders herausstellen, da sie sich nicht selten in unseren Gärten einfindet: Die Mauerbiene, *Osmia rufa*. Hier handelt es sich um eine Solitärbiene, um eine solche also, die nicht innerhalb eines Staatswesens lebt, sondern sich nur auf sich selbst verläßt. Sie gehören alle - es gibt zahlreiche Arten - zu den sogenannten Bauchsammlern, denn sie streifen mit ihrem Bauch über die Blüten und nehmen so den Pollen auf. Aus Drüsenabsonderungen stellen sie einen dauerhaften Zement her, aus dem sie die Zellen formen, die sie in Steinritzen, hohlen Ästen oder ähnlichem verstecken. Eine von diesen - *Osmia bicolor* - verwendet dazu leere Schneckenhäuser, in welchen sie jeweils ein Ei deponiert, zusammen mit dem Futterkuchen für die Larve. Sie schützt das ganze durch eine Querwand aus zerkauten Blättern und füllt dann den Rest der Schneckenhauswindungen mit kleinen Steinchen. Auch diese Füllung wird wiederum durch eine Querwand abgesichert. Schließlich errichtet sie über dem Schneckenhaus ein Schutzdach aus Gräsern, Ästen und Kiefernnadeln, unter welchem die Larvenwiege unsichtbar verschwindet.

Nach diesem Überblick über das Leben einer Solitärbiene wollen wir uns den Hummeln zuwenden, die allesamt der Gattung *Bombus* angehören. Es gibt in Mitteleuropa etwa 30 verschiedene Arten, und immer handelt es sich um pelzige und oft bunthaarige, stattliche Insekten. Solche, die über einen langen Saugrüssel verfügen, können den Nektar auch aus tiefen Blüten entnehmen, während kurzrüsselige Arten dazu neigen, die Blüten unten anzubeißen und den Blütensaft gleich aus der Quelle zu beziehen. Vor allem beim Lerchensporn oder ähnlichen Pflanzen kann man oft angebissene Blüten finden.

Im Herbst werden die großen Weibchen begattet. Nach der Überwinterung suchen sie im Frühjahr nach einem geeigneten Nistplatz, wobei je nach Art verschiedene Stellen bevorzugt werden. Es können dies Erdlöcher sein, Baumstumpen oder sogar alte Vogelnester. Das Nest wird mit einer Konstruktion aus Moos oder ähnlichem Material umhüllt und dann innen mit einer Wachsschicht ausgestattet. Die Nestgründerin, das befruchtete Weibchen also, das auch hier Königin genannt wird, legt auf einem Klumpen aus Pollen und Nektar die Eier ab und bedeckt sie mit einer Haube aus Wachs. Die Larven verpuppen sich in einem selbstgesponnenen Kokon. Zunächst schlüpfen sterile Arbeiterinnen.

Hummeln gehören infolge ihres pelzigen Aussehens zu den beliebtesten Garteninsekten.

Diese werden im „Innendienst" beschäftigt oder erfüllen ihre Bestimmung außerhalb als Wächter. Die Männchen treten erst im Sommer auf, und zwar gleichzeitig mit den großen, fertilen Weibchen, die dann für die Aufgabe der zukünftigen Königinnen bestimmt sind. Nur diese überwintern.

Männchen und sterile Weibchen haben im Herbst ihren Lebenszweck erfüllt und sterben.

Nur um einige Beispiele von Hummeln zu nennen: Die Gartenhummel, *Bombus hortorum,* hat zwei gelbe Ringe und einen weißen Hinterleib, die Erdhummel, *Bombus terrestris,* zeigt zwei bräunliche Ringe und einen kurzen, weißen Streifen am Hinterleib, und die Steinhummel, *Bombus lapidarius,* fällt durch einen schwarzen Körper und einen roten Hinterleib auf. Diese drei Arten bewohnen unterirdische Nester. Die kleinere Wiesenhummel, *Bombus pratorum,* zeichnet sich durch ein tief orangerotes Hinterteil aus, und die Waldhummel, *Bombus sylvarum,* hat zwei undeutlich weiße Streifen und ein kurzes, braunes Ende. Diese beiden letzteren Ar-

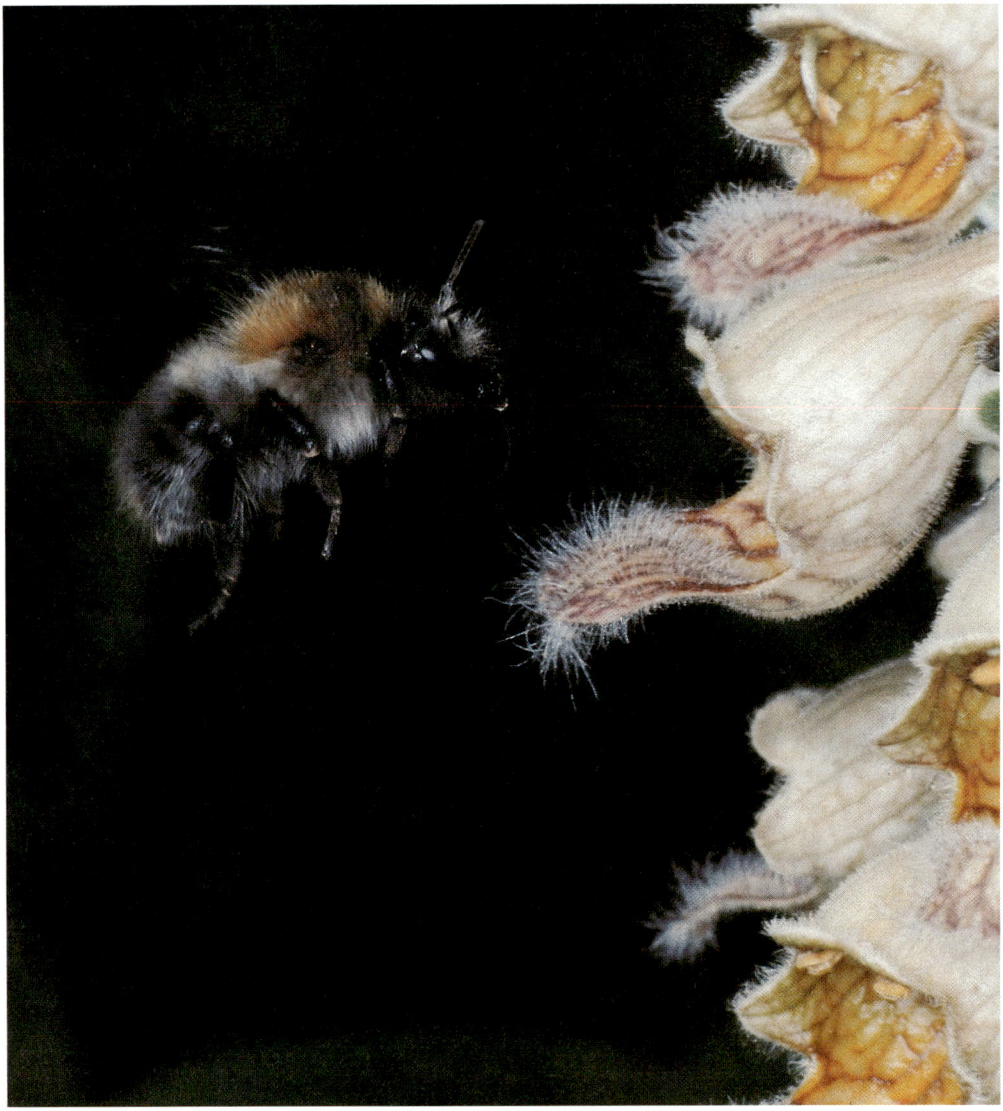

Eine Hummel im Anflug auf eine Fingerhutblüte.

ten nisten oberhalb des Erdbodens, zum Beispiel in alten Nestern oder Vogelkästen. Hummeln gehören zu den liebenswertesten Insekten, und ich denke, man kann gar nicht genug davon im Garten haben. Obwohl sie stechen können, zeigen sie sich niemals aggressiv, doch stets wird uns ihr „brummender" Flug erfreuen.

Florfliege und andere flugunlustige Insekten

Da wäre zunächst einmal die Florfliege, *Chrysopa perla,* die keineswegs übersehen werden darf. Es handelt sich um zarte Insekten mit relativ großen, grün gefärbten Flügeln und mit goldenen Augen. Diese Fliege führt ein dämmerungs- und nachtaktives Leben. Tagsüber sitzt sie meistens still und hält ihre durchsichtigen Flügel dachförmig über dem Rücken. Sie lebt von kleinen Insekten, wobei gerade Blattläuse bevorzugt auf ihrem Speiseplan stehen. Zur Begattung umtanzt das Männchen das Weibchen mit lebhaften Fühlerbewegungen und wippt dabei mit dem Hinterleib auf und nieder. Schließlich stellt es sich daneben und legt ein Samenpaket an der Geschlechtsöffnung des Weibchens ab. Die Eiablage erfolgt meist in der Nähe von Blattlauskolonien, wozu sich das Weibchen auf das Substrat setzt und seine Anhangdrüse einen Faden produziert, an dessen Spitze jeweils ein Ei angeheftet wird.

Die langgestreckten Larven sind mit Saugzangen ausgerüstet und ernähren sich

Die zarte Florfliege mit ihren goldenen Augen gehört zu den größten Blattlausvertilgern und verdient schon allein deshalb unseren Schutz.

von Blattläusen, die sie in großen Mengen verzehren. Sie verpuppen sich in einem Gespinstkokon in einem Versteck wie Mauerritzen und ähnlichem. Alsbald schlüpft das Insekt, das normalerweise pro Jahr nicht mehr als zwei Generationen erzeugt. Die Überwinterung geschieht in ausgewachsenem Zustand, und so kommt es, daß wir schon oft im zeitigen Frühjahr Florfliegen sehen. Auf Grund ihrer Nützlichkeit und nicht zuletzt wegen ihres reizvollen Aussehens verdienen sie unseren unbedingten Schutz.

In die nähere Verwandtschaft gehört auch der Bachhaft, *Osmylus chrysops,* mit seinen großen, dunkel gefleckten Flügeln. Er fliegt am Abend in der Nähe von Gewässern und ernährt sich von lebenden Insekten. Bei der Fortpflanzung gibt sich das Weibchen als der aktivere Teil. Das Männchen sitzt zunächst still und stülpt am Ende des Hinterleibs zwei Säckchen aus, die vermutlich als Duftdrüsen fungieren. Das Weibchen betastet nun diese mit den Fühlern, worauf ein gegenseitiges Umkreisen und Betasten folgt. Erst jetzt faßt das Männchen seine Partnerin, und schließlich stehen sie nebeneinander. Nun schiebt das Weibchen ihr Hinterleibsende unter das des Männchens und nimmt ein Samenpaket in Empfang. Die Eiablage erfolgt einzeln oder in Gruppen an Blättern.

Nach zwei bis drei Wochen schlüpfen die Larven und halten sich am Rande eines Gewässers auf. Sie haben lange, nach außen gebogene Saugzangen, mit deren Hilfe sie hauptsächlich Mückenlarven ergreifen und aussaugen. Vorübergehend kann die Larve auch ins Wasser gehen, doch der größte Teil ihrer Entwicklung verläuft an Land. Hier überwintert sie auch und verpuppt sich im Frühjahr in einen Kokon. Das fertige Insekt schlüpft drei Wochen später.

Die Schlammfliege, *Sialis flavilatera,* ist ebenfalls verwandtschaftlich nicht allzu weit entfernt. Sie hat reichgeäderte bräunliche Flügel, welche in Ruhestellung den Körper überragen. Sie sitzt im Frühling und Frühsommer in der Nähe des Wassers auf Pflanzen. Ihre Fluglust hält sich in engen Grenzen, und höchstens in der Dämmerung läßt sie sich zu einem kurzen Flattern herbei. Meist kriecht sie langsam umher und lebt von Blütennektar. Zur Einleitung der Paarung läuft das Männchen dem Weibchen hinterher, bis dieses endlich stillhält. Schließlich schiebt es seinen Kopf unter den Hinterleib des Weibchens und hält es mit den Vorderbeinen fest. Durch seitliches Hochkrümmen des Hinterleibes treffen sich die Geschlechtsöffnungen, wobei ein Samenpaket abgesetzt wird.

Die Eiablage erfolgt in großer Zahl an Schilf oder Rohrkolben, jedoch immer oberhalb des Wasserspiegels. Die frisch geschlüpften Larven lassen sich unverzüglich ins Wasser fallen und entwickeln sich im schlammigen Bodengrund. Insektenlarven

Die lebhaft gezeichnete Skorpionfliege zieht es vor, sich kriechend fortzubewegen, und läßt sich nur selten dazu bewegen zu fliegen.

und Würmer dienen ihrer Ernährung. Ihre Entwicklungszeit dauert relativ lange. Zehn Stadien müssen sie durchlaufen und überwintern dabei zweimal. Nach der zweiten Überwinterung geht die Larve an Land, um sich zu verpuppen. Eine Woche später schlüpft das fertige Insekt.

Auch die Skorpionsfliege, *Panorpa communis,* soll hier besprochen werden, weil sie verwandtschaftlich diesem Kreis nahesteht. Der Name Skorpionsfliege rührt von dem Hinterleibsende des Männchens her. Es gibt in Europa etwa 30 verschiedene Arten, und diese einzige soll stellvertretend für alle erwähnt werden. Die Flügel sind gefleckt, und das ganze Insekt macht einen zarten Eindruck. Die Fluglust kann nicht als sehr groß bezeichnet werden. Meistens kriechen die Tiere umher und ernähren sich vorzugsweise von Aas oder auch von Früchten. Sie haben ein sehr merkwürdiges Begattungsritual. Erst nähert sich das Männchen unter Flügelschlagen dem Weibchen, welches zunächst ganz ruhig bleibt und dann ein Stück wegfliegt. Jetzt verharrt das Männchen in Ruhe, und das Weibchen beginnt lockend umherzulaufen. Schließlich nähert sich das Männchen erneut, und dieses Spiel wird mehrere Male fortgesetzt. Dann stößt das Männchen einen Sekrettropfen aus, den das Weibchen zu verspeisen beginnt. Nun endlich packt das Männchen mit den Hinterleibszangen seine Partnerin, und die Begattung währt 15 - 30 Minuten. Die Eiablage erfolgt in die Erde, und die raupenähnlichen Larven leben in unterirdischen Gängen.

Obwohl in der Verwandtschaft etwas weiter entfernt, sollen hier auch noch die Köcherfliegen zur Sprache kommen, von denen es allein in Europa etwa 400 verschiedene Arten gibt, die sich in mehrere Gattungen aufteilen. Vielleicht ist die Art *Limnephilus lunatus* eine der häufigsten. Ganz allgemein kann gesagt werden, daß die Köcherfliegen in ihrem Larvenstadium in den verschiedensten Gewässern leben. Fast alle besitzen einen Köcher, den sie ständig mit sich tragen und keinesfalls freiwillig verlassen. Ihr weicher Hinterleib wird dadurch wirksam geschützt, und bei Gefahr können sie sich auch völlig in ihn zurückziehen. Das Grundgerüst jeder dieser Behausungen wird von einer Röhre aus Seidengespinst gebildet. Dazu läßt die Larve aus ihrer beachtlichen Spinndrüse ein Sekret austreten, das im Wasser schnell zu einem elastischen Faden wird, und nun kommt das eigentlich Interessante: Die Larven haben die Eigenschaft, diesen Köcher in typischer Art und Weise außen mit fremdem Material zu belegen, wobei immer am Vorderende weitergebaut wird. So entwickelt sich der Köcher analog zum Wachstum der Larve. Pflanzenstückchen, Fichtennadeln, kleine leere Schneckenhäuser, Sandkörnchen oder Steinchen können als Köcherdeckmaterial verwendet werden. Sehr häufig ist dieser Belag artspezifisch, und fast in allen Fällen kann der Fachmann daraus zumindest die Gattung erkennen.

Die Köcherfliegenlarven leben im Wasser und bauen ihre Schutzhülle aus artspezifisch verschiedenen Materialien.

Köcherfliegenlarven sind Vegetarier, und die schließlich aus ihnen hervorgehenden Insekten nehmen hauptsächlich flüssige Nahrung zu sich. Die einzelnen Tiere leben im allgemeinen nicht länger als eine Woche. Eine sehr kurze Zeit also, um ihre Fortpflanzungsgeschäfte zu regeln.

Mücken und Schnaken

Hier wollen wir zuerst von der Zuckmücke, *Chironomus plumosus,* sprechen. Es handelt sich um ein zartleibiges Insekt, das beim Sitzen charakteristische, zuckende Bewegungen der Vorderbeine ausführt. Dieser Eigenschaft hat es seinen Namen zu verdanken. Das typische Schwärmen leitet den Hochzeitsflug ein. Zunächst wird der Schwarm nur aus Männchen bestehen, während die Weibchen später hinzustoßen. Sie werden von den Männchen mit den Vorderbeinen gepackt, worauf die Vereinigung erfolgt. Sofort danach werfen die Weibchen ihre Eiballen auf die freie Wasserfläche. Meist geschieht dies in der Abenddämmerung. Die ausgewachsenen Insekten überstehen nur wenige Tage, doch eine Generation folgt der anderen, so daß sie bis in das späte Jahr hinein Schwärme bilden.

Die Larven leben im Wasser. Die Atmung geschieht über die Haut. Der Sauerstoffvorrat wird durch in der Blutflüssigkeit gelöstes Hämoglobin unterstützt, weshalb die Larven rote Farbe zeigen und folgerichtig „Rote Mückenlarven" genannt werden. Sie können auf diese Weise auch in extrem sauerstoffarmem Milieu ihr Dasein fristen. Normalerweise halten sie sich am Boden auf und ernähren sich von Detritus und Algen. Sie spielen eine große Rolle für die Ernährung von Fischen und anderen Wasserbewohnern. Die Puppenzeit dauert nur wenige Tage. Die fertige Zuckmücke nimmt keine Nahrung mehr auf und erledigt nur noch ihre Fortpflanzungspflichten.

Die Büschelmücke, *Corethra plumicornis,* ein zartes, langbeiniges Insekt, verbringt auch ihre Larvenzeit in unserem Teich. Weder sie noch die Zuckmücken saugen Blut, obwohl sie mit den Stechmücken verwandt sind. Sie haben aber nur einen ganz kurzen Rüssel. Die Männchen neigen zur Schwarmbildung. Gelegentlich können Schwärme verschiedener Arten beobachtet werden. Mischschwärme dagegen kommen höchst selten vor. Die Eier werden in eine Gallerte eingehüllt, und die Larven verbringen ihr ganzes Leben im Wasser. Sie durchlaufen vier Stadien und sind durch ihre Fähigkeit zur Hautatmung von jeder Aufnahme atmosphärischer Luft unabhängig. Sie stehen niemals still und bewegen sich durch stets langsames Auf-und Absteigen. Mit bloßem Auge kann man sie wegen ihres glasklaren Aussehens kaum wahrnehmen. Ihr volkstümlicher Name „Weiße Mükkenlarven" scheint mir nicht ganz zutreffend zu sein, es müßte eher „Farblose Mückenlarven" heißen. Sie ernähren sich räuberisch von Kleinlebewesen und auch von Plankton. Dabei warten sie oft in Lauerstellung auf Beute. Wenn sie sich verpuppen, dann schweben sie mit gestrecktem Hinterleib frei im Wasser, haben sich aber die Fähigkeit bewahrt, bei Gefahr blitzschnell abtauchen zu können. Die Puppenruhe dauert nur wenige Tage.

Jetzt kommen wir zu dem eigentlichen Plagegeist, zur Stechmücke, *Culex pipiens,* ebenfalls ein zartes, langbeiniges Insekt. Die Männchen wären ganz harmlos, denn nur die weiblichen Tiere verfügen über einen langen Rüssel mit Stechborsten. Diese sind in eine vordere Rinne der beim Stechen zurückgeschobenen Unterlippe gebettet. Beim Stechvorgang kann das Saugen mehrere Minuten lang dauern, denn so eine Blutmahlzeit umfaßt das Zweifache des Eigengewichtes. Nur das erste Gelege kann ohne Blutsaugen zustandekommen. Die weitere Eibildung ist von solchen blutigen Mahlzeiten abhängig. Nach Eintritt der Dunkelheit erreicht die Stechlust ihren Höhepunkt. Die Larven leben ausschließlich im Wasser. Ihre schwarze Farbe hat im Volksmund zur Bezeichnung „Schwarze Mückenlarven" geführt. Sie bewegen sich durch schlängelndes Schwimmen und ernähren sich von Detritus und Kleinplankton. Sehr häufig hängen sie mit dem Kopf nach unten am Wasserspiegel. Sie können auch die kleinsten Gewässer besiedeln, selbst länger haltende Regenpfützen locken die Mücken zur Eiablage an. Die Puppenruhe währt nur kurze Zeit. Generationsfolgen sind fast das ganze Jahr über möglich. Zur Überwinterung sind nur begattete Weibchen fähig. Die Männchen beenden ihr Leben im Herbst.

Leider sind Stechmücken der Wermutstropfen in einem Teich. Doch ich halte auch entsprechenden Trost für Sie bereit. Wenn sich Molche angesiedelt haben, werden Sie nie unter einer Mückenplage leiden. Diese sehen nämlich in den schwarzen Mückenlarven ihre Leibspeise, und es wird nur wenigen Larven gelingen, ihr Wasserleben zu überstehen, ohne gefressen zu werden.

Doch nun zu zwar unbeliebten aber völlig harmlosen Insekten: zu den Schnaken aus der Gattung *Tipula.* Hier gibt es in Mitteleuropa etwa 180 verschiedene Arten, die sich im allgemeinen kaum unterscheiden. Um es gleich vorweg zu sagen: Schnaken können nicht stechen und saugen damit auch niemals Blut, sondern ernähren sich ganz friedlich von Nektar aus gut zugänglichen Blüten. In warmen Sommernächten tanzen sie auch, aber immer in der Nähe von Gewässern oder wenigstens feuchten Wiesen. Dabei kann die Begattung im Flug erfolgen, jedoch ebenso im Sitzen. Je nach Art geschieht die Eiablage im Uferschlamm oder in feuchter Erde oder manchmal auch in morschem Holz. Andere wieder lassen ihre Eier direkt ins Wasser fallen. Die aus den letzteren hervorgehenden Larven wühlen sich durch den Schlammgrund seichter Gewässer und ernähren sich von organischen Abfallstoffen.

Die Verpuppung erfolgt am Ufer, und die fertigen Insekten haben übermäßig lange Beine, einen schlanken, hell- bis dunkelbraunen Körper und zwei deutlich gezeichnete Flügel, die in Ruhestellung schräg nach hinten gehalten werden.

Ihr Flug wirkt träge. Außer der allgemein bekannten Gattung *Tipula* gibt es sogar noch einige wesentlich ansprechendere Vertreter dieser Familie: Die Kammschnaken aus der Gattung *Ctenophora* sind schwarz-rot und schwarz-gelb gefärbt, und solche aus der Gattung *Pales* zeigen gelbe Farbe. Sogar derartige Tiere können wir gelegentlich in unseren Gärten beobachten.

Schnaken sind zu Unrecht gefürchtet. Sie können nicht stechen, und einzelne Vertreter unter ihnen fallen sogar durch leuchtende Farben auf.

Echte Fliegen und falsche Wespen

Fliegen in ihrer Gesamtheit zählen zu einer äußerst formen- und auch artenreichen Gruppe, so daß es als ein in unserem Rahmen unnützes Unterfangen erscheint, hier auch nur einige Beispiele herauszugreifen und näher zu beschreiben. Nur eine Ausnahme soll gestattet sein, und zwar die Goldfliege, *Lucilia caesar.* Dieses Insekt ist zu schön, um es zu übersehen, und vielleicht sind wir seinetwegen sogar imstande, die anderen, zwar nicht bösartigen aber doch manchmal lästigen und vielleicht sogar unappetitlichen Vertreter dieser Insekten zu vergessen oder zumindest nicht mit Haß und Eifer zu verfolgen. Es erscheint nötig, immer daran zu denken, daß auch Fliegen ein wichtiges Glied im Zyklus der Natur darstellen, sei es als Gesundheitspolizei oder zumindest als nie versagende Nahrungsquelle für Vögel und andere Tiere, wobei wir auch an unsere Frösche denken müssen.

Sicher ist es nicht wegzuleugnen, daß die Goldfliege mit ihrem goldgrün schillern-

Unter den Fliegen beansprucht die Goldfliege infolge ihres metallischen Glanzes den ersten Platz.

Die harmlosen Schwebfliegen ähneln zwar den Wespen oder auch den Bienen, können jedoch nicht stechen.

Dies zu Recht, denn für einen ungeschulten Laien könnten sie bei flüchtigem Hinsehen tatsächlich den Eindruck einer Wespe hervorrufen. Häufig ist ihr Hinterleib schwarzgelb gezeichnet, doch sind sie entweder kleiner oder aber in ihrer Körperform breiter als ihre stechenden weitläufigen Verwandten. Vielleicht haben sie sogar diese Tracht als Tarnung angelegt, um mit Wespen verwechselt zu werden und damit einen gewissen Schutz vor Freßfeinden zu genießen. Wenn auch durchaus die meisten wespenähnlich erscheinen, so haben sich doch andere darauf spezialisiert, das Aussehen von Bienen und Hummeln nachzuahmen. Die Strategien in der Natur gehen oft Wege, deren Sinn wir nicht ohne weiteres erraten. Eines unterscheidet sie jedoch auf Anhieb: Es ist ihre Art zu fliegen. Ihr Flug wirkt leicht und elegant, sie können einem Hubschrauber gleich in der Luft stehen bleiben, und mir erscheint es immer anregend, sie zu beobachten.

Wollen wir nun aus den etwa 300 verschiedenen Arten einige herausgreifen und sie uns näher ansehen. Als erstes wäre dabei *Episyrphus balteatus* zu nennen. Es han-

den Kleid zu den wenig geachteten Schmeißfliegen gehört, und dennoch ist es ein schöner Anblick, sie in ihrem metallischen Glanz in einer Blüte sitzen zu sehen. Wenn diese Blüte noch dazu gelb ist, bildet sie dagegen einen zauberhaften Kontrast. Man muß es eben lernen, auch aus solchen kleinen Dingen Freude zu schöpfen, die andere einfach übersehen. Hier kann uns die Goldfliege als gutes Beispiel dienen, zumal sie auch immer wieder in unseren Gärten zu finden sein wird.

Doch damit wollen wir zu den Schwebfliegen überleiten, die in der Überschrift als falsche Wespen bezeichnet wurden.

delt sich um eine der kleineren Arten, die man relativ leicht daran erkennen kann, daß die schwarze Bänderung am Hinterleib jeweils von einem schmalen Streifen unterbrochen wird. Die roten Augen setzen sich gut von dem schwarzen Rücken und dem gelben Hinterleib ab. In unseren Gärten kann man sie oft finden. Sie besuchen Blüten aller Art, und was besonders bemerkenswert erscheint, liegt in der Tatsache, daß ihre Larven Blattläuse fressen. Es wäre damit wieder einmal eine schützenswerte Art, denn wir müssen sie als willkommenen Helfer betrachten.

Weiterhin wäre über *Helophilus pendulus* zu berichten. Diese Schwebfliege wird etwas größer und wirkt längst nicht so elegant wie die vorherige. Kenntlich macht sie sich durch gelbe Längsstreifen an ihrem schwarzen Rückensegment.

Diese Art bevorzugt die Umgebung von Teichen und liebt es, Sonnenbäder an Uferpflanzen zu nehmen. Die Männchen fliegen oft dicht über der Wasseroberfläche. Die Eier werden ins Wasser abgelegt, und daraus gehen die sogenannten Rattenschwanzlarven hervor, deren Name auf ein überlanges Atemrohr am Hinterleib zurückzuführen ist. Sie leben im Schlamm und ziehen seichtes Wasser vor. Ihre Ernährung besteht hauptsächlich aus Detritus und organischen Abfällen. Die sogenannte Mistbiene, *Eristalis tenax,* macht ebenfalls einen etwas plumperen Eindruck, und ihr rotbraun und schwarz gebänderter Hinterleib täuscht eine männliche Biene vor. Auch sie entwickelt sich aus Rattenschwanzlarven, die in unserem Teich ihr Auskommen suchen. Diese Art findet sich ebenfalls häufig in unseren Gärten. Als letzte wäre noch *Scaeva pyrastri* zu nennen, die auf ihrem schwarzen Hinterleib cremefarbige, halbmondähnliche Flecken erkennen läßt. Diese Schwebfliege hat sich weder die Tarnung einer Wespe noch die einer Biene zugelegt und gehört zu den größeren Typen. Der Vollständigkeit halber soll noch *Volucella bombylans* erwähnt werden, die leicht wegen ihres pelzigen Hinterleibs mit einer Hummel verwechselt wird. Ihre Larven wachsen auch in Hummelnestern auf.

Natürlich können Sie noch wesentlich mehr von diesen interessanten und durchaus schönen Tieren in Ihrem Garten beobachten, doch es würde entschieden zu weit führen, wenn wir uns noch länger mit diesem Thema aufhalten wollten.

Nun bleiben uns von den Insekten nur noch die unzählbaren Schmetterlinge übrig, deren Beschreibung bei mir wehmütige Erinnerungen an frühere Zeiten wachruft, denn in den letzten Jahren wurden sie immer seltener, und mein größter Wunsch wäre, ihnen in unseren Gärten wieder eine Heimat bieten zu können.

Die bunte Welt der Schmetterlinge

Um Schmetterlinge in den Garten zu locken, gibt es ein einfaches Mittel: Man muß nur einen und auch mehrere Sommerflieder *(Buddleia)* pflanzen, und, wenn in der Umgebung überhaupt noch Schmetterlinge vorkommen, werden sie sich zumindest während der Blütezeit dieses Strauches baldigst einfinden. Doch damit ist das Problem noch keineswegs gelöst. Man muß alle Lebensstadien berücksichtigen, und dazu gehört die Auswahl der richtigen Futterpflanzen für die Raupen. Hierin scheint das eigentliche Problem zu liegen. Wenn es in der Nähe noch Wiesen gibt, die nicht wirtschaftlich genutzt werden, oder wenn in Anlagen oder auch in manchen Gärten selbst verwilderte Partien vorliegen, dann könnte dort manches Kraut wachsen, das den Raupen die richtige Lebensgrundlage bietet. Doch darüber wurde schon im ersten und zweiten Band ausführlich gesprochen, so daß sich eine Wiederholung erübrigt.

Der Zitronenfalter überwintert als fertiger Schmetterling und gehört zu den ersten Frühlingsboten.

Tagfalter

Der erste Schmetterling, den wir im zeitigen Frühjahr sehen können, trägt den Namen Zitronenfalter, *Gonepteryx rhamni.* Er hat schon im vergangenen Jahr im Juli seine Puppenruhe beendet und das übrige Jahr verbracht, ohne seinem Fortpflanzungsgeschäft nachzugehen. Dann überlebte er den Winter in einem Versteck, verborgen in irgendwelchen Ritzen, und erst im Frühjahr geht er auf die Suche nach einer Partnerin. Er nimmt keine Nahrung mehr zu sich, und bald nach der Paarung stirbt das Männchen. Das Weibchen legt im Mai seine Eier auf einzelne Blätter von Kreuzdorn *(Rhamnus catharticus)* und Faulbaum *(Frangula alnus)* und hat damit

Der Kleine Fuchs sucht bevorzugt die Blüten des Sommerflieders auf.

auch seinen Lebenszweck erfüllt. Die Raupen schlüpfen nach zehn Tagen und fressen einen Monat lang. Die Verpuppung erfolgt an Zweigen der Futterpflanze. Nach zweiwöchiger Ruhe schlüpfen die Falter.

Einen ähnlichen Entwicklungsgang können wir beim Großen Fuchs, *Nymphalis polychloros,* beobachten. Er schlüpft ebenfalls im Juli und überwintert, bevor er sich im Frühjahr paart. Die Eier werden an Blättern von Ulme, Weide, Pappeln und Birke abgelegt. Die Raupen leben zunächst in einem gemeinsamen Gespinst, verlassen dieses und bleiben aber immer in unmittelbarer Nähe zusammen. Im Juni verpuppen sie sich hängend an der Futterpflanze, und die Falter schlüpfen nach etwa zwei Wochen.

Der Kleine Fuchs, *Aglais urticae,* bringt pro Jahr zwei Generationen zuwege. Zur Eiablage dient im Mai die Brennessel *(Urtica dioica).* Die Raupen leben auch zuerst in einem Gespinst. Die Puppen hängen an Pflanzenstengeln, und die fertigen Schmetterlinge schlüpfen nach etwa zwei Wochen. Die Eier dieser Generation folgen im Juli, und die schließlich daraus hervorgehenden Falter überwintern.

Auch das Tagpfauenauge, *Inachis io,* fördert zwei Generationen pro Jahr, und die

o: Der Trauermantel gehört zu unseren schönsten Schmetterlingen. Foto: HARRER
u: Auch der Admiral läßt es an Farbenpracht nicht fehlen.

Raupen ernähren sich ebenfalls von der Brennessel. Die im Juli geschlüpften Falter überwintern und paaren sich erst im kommenden Frühjahr.

Der Admiral, *Vanessa atalanta,* bevorzugt zur Eiablage auch die Brennessel und bringt es normalerweise nur zu einem Gelege, manchmal jedoch auch zu zweien im Jahr. Allerdings überleben die Falter unsere Winter im allgemeinen nicht. Da es sich jedoch bei diesem Schmetterling um ein Tier mit starkem Wandertrieb handelt, kommen von Süden her jährlich neue über die Alpen und sorgen für die Erhaltung dieser Art.

Schon wesentlich seltener können wir den Trauermantel, *Nymphalis antiopa,* beobachten. Seine Raupen leben auf Weiden, Birke und Ulme. Hier kommt es nur zu einer Generation, und die Falter überwintern, um sich dann im Frühjahr zu paaren.

o: Als besonderes Erlebnis kann es gewertet werden, wenn uns ein Schwalbenschwanz besucht.
l. o.+u.: Kaisermantel und Distelfalter (Foto: WIESER) lassen sich auch in unseren Gärten sehen.

Ebenfalls zu den seltenen Gästen gehört der Kaisermantel, *Argynnis paphia.* Er legt seine Eier in der Nähe der Futterpflanzen in Baumritzen ab. Hier überwintert auch die Raupe und steigt erst im Frühjahr zum Erdboden hinab, um sich dort von Veilchenarten, besonders vom Hainveilchen *(Viola riviana),* zu ernähren.

Auch den Distelfalter, *Cynthia cardui,* werden wir nur ausnahmsweise zu Gesicht bekommen. Er bevorzugt Disteln *(Cirsium, Carduus)* als Futtergrundlage für seine Raupen, geht aber gelegentlich auch an Brennesseln.

Doch nun zu einem unserer schönsten Schmetterlinge, dem Schwalbenschwanz, *Papilio machaon.* Früher konnte man ihn häufig in unseren Gärten sehen, doch heute muß man schon fast Glück haben, wenn man ihn noch in der freien Natur finden will.

Als Nahrungsgrundlage für seine Raupen benützt er die wilde Möhre *(Daucus carota)* sowie andere Schirmblütler. Seine Puppen können überwintern. Er bevorzugt offene Landschaften, und wenn keine Wiesen in unserer näheren Umgebung vorkommen, warten wir vergeblich auf sein Erscheinen. Sollte er sich dennoch einmal bei uns einstellen, so werden wir dies als Glücksfall werten und gebührend schätzen müssen.

NACHTSCHWÄRMER

Schließlich wären noch einige Nachtschwärmer zu nennen, das heißt also solche Falter, die erst nachts aktiv werden. Darunter gibt es auch ein paar schöne Arten, die wir bei etwas Glück in unserem Garten erleben können. Vor allem denke ich hierbei an das Kleine Nachtpfauenauge, *Saturnia pavonia,* dessen Raupen auf Heidekraut, Heidelbeeren, aber auch auf Weiden und Birke leben, oder auch an den Mittleren Weinschwärmer, *Deilephila elpenor,* der seine Eier an Weiderich *(Lythrum),* an Weidenröschen *(Epilobium)* oder, wie ich selbst beobachten konnte (jedoch fand ich keinen Literaturhinweis), an Fieberklee *(Menyanthes)* ablegt und diese Pflanzen als Futtergrundlage für seine Raupen betrachtet. Selbst die Anwesenheit des Wolfsmilchschwärmers, *Hyles euphorbiae,* wäre nicht ganz unmöglich, wenn er auch nur ausnahmsweise gesehen werden dürfte. Seine Raupen leben an Wolfsmilcharten, vornehmlich an der Zypressenwolfsmilch *(Euphorbia cyparissias).*

Mit diesen Beispielen glaube ich eine Auswahl dessen getroffen zu haben, was immerhin im Bereich des Möglichen liegt. Nochmals möchte ich dazu raten, den Sommerflieder zu pflanzen, damit die wenigen Schmetterlinge, die es heute noch gibt, sich wenigstens auch in Ihrem Garten ein buntes Stelldichein geben. Wenn Ihr Wohnbiotop sich einmal so richtig eingewachsen hat, können sie den Besuch von Schmetterlingen möglicherweise sogar als Indikator dafür benutzen, inwieweit es Ihnen gelungen ist, verlorengegangene Natur zurückzuholen.

Die Raupe des Mittleren Weinschwärmers gleicht einem kleinen Ungeheuer.

Muntere Fische

Wenn auch bisher stets über Tiere gesprochen wurde, von denen wir erwarten, daß sie in unseren Garten zuwandern, so wird nun zum ersten Male von solchen die Rede sein, die wir aussetzen müssen. Anders können wir nicht vorgehen, falls wir unseren Teich mit Fischen besiedeln wollen. Möglicherweise könnte per Zufall Laich von Enten eingeschleppt werden, doch da dies nur äußerst selten geschieht, sollten wir damit nicht rechnen.

Grundsätzlich wäre es auch besser, sich selbst zu überlegen, welche Arten von Fischen eingebracht werden sollen, wobei man sich von Haus aus darüber im klaren sein muß, welche Größe sie letztendlich erreichen. So wäre beispielsweise der Karpfen in einem kleinen Teich nicht sinnvoll, weil er einfach zu schnell wächst, und wer möchte schon einen Fisch, den er täglich gefüttert hat, eines Tages in der Bratpfanne finden?

Wir sollten deshalb unsere Gedanken in die Richtung der kleineren Fische lenken, von denen wir sicher sein können, daß sie niemals zuviel Platz beanspruchen werden.

Empfehlenswerte kleine Fische

Als erster käme dabei der Stichling, *Gasterosteus aculeatus,* in Betracht und von dieser Gattung derjenige mit den drei Stacheln. Es sei gleich zu Anfang davor gewarnt, ihn mit anderen Fischen zu vergesellschaften, da er sich vor allem während seines Brutgeschäftes sehr aggressiv verhält und damit Unruhe im Teich verbreiten würde, wenn er auch nicht in der Lage ist, anderen Fischen zu schaden. Obwohl dieser Fisch während des ganzen Jahres ein unscheinbares grau-silbriges Kleid trägt, schmückt sich das Männchen während der Balz mit leuchtenden Farben. Die Brust färbt sich rot, und der Rücken nimmt eine

Zur Brutzeit kleidet sich der Stichling in leuchtende Farben.
Foto: Dr. HERKNER

smaragdgrüne Farbe an, die besonders beim Auge hervorsticht. Zunächst beginnt der männliche Stichling, mit Hilfe seiner Brustflossen eine Grube auszuheben und darin aus Pflanzenteilen ein Nest zu errichten. Während ständigem Darüberschwimmen sondert er eine klebrige Substanz aus, die zum „Verleimen" dieser Kinderstube dient. Schließlich stößt er so lange mit seiner Schnauze unter das Bauwerk, bis sich dieses hebt und somit ein walnußgroßes Gebilde aus dem Bodengrund ragt. Ursprünglich hat er zwei Öffnungen eingeplant, um bequem von beiden Seiten hineinschwimmen zu können, jetzt aber schickt er sich an, die zweite Öffnung zu verschließen.

Nach diesen langen Vorbereitungen beginnt die Zeit, um ein Weibchen zu werben. Sobald ein laichreifes in seine Nähe kommt, versucht er, es in dieses Nest zu treiben. Dort werden auch die Eier abgelegt und vom Männchen besamt. Es können bis zu hundert sein. Nun wird das Weibchen vertrieben und darüber hinaus alles, was sich dem Nest nähert. Durch Fächeln mit den Brustflossen sorgt er für stete Sauerstoffzufuhr, und nach etwa zehn Tagen schlüpfen die Jungen. Sie bleiben aber noch im Nest, bis der Dottersack aufgezehrt wurde. Jetzt drängen die Jungen danach, das Nest zu verlassen, werden aber immer wieder vom Vater mit dem Maul eingefangen und zurückbefördert. Dies geschieht so lange, bis er glaubt, seine Kinder sich selbst überlassen zu können. Allein wegen dieses hochinteressanten Verhaltens könnte es sich lohnen, den Teich mit Stichlingen zu besiedeln.

Als weiterer Fisch könnte sich der Bitterling, *Rhodeus sericeus amarus,* in unserem Teich wohlfühlen. Er zählt zu unseren schönsten Süßwasserfischen. Außerhalb der Laichzeit zeigt er sich unscheinbar, und die Männchen haben bestenfalls einen dunkelgrünen Streifen entlang der hinteren Körperhälfte. Das Hochzeitskleid wirkt dafür um so prächtiger. Der Rücken verfärbt sich in ein glänzendes Grün und strahlt diese Farbe bis zur Mitte des Leibes aus. Die untere Hälfte hingegen verwandelt sich von rot bis orange. Jetzt beginnt das hochinteressante und vielleicht einmalige Fortpflanzungsverhalten. Während die Legeröhre des Weibchens normalerweise nur wenige Millimeter mißt, wächst sie nun zu der beachtlichen Länge des doppelten Körpers heran. Mit ihrer Hilfe legen die Weibchen ihre Eier in die Mantelhöhle von lebenden Teichmuscheln. Sofort nach dem Austreten werden sie vom Männchen befruchtet. Die geschlüpften Larven halten sich an den Kiemenblättern der Muscheln fest und bleiben so lange in ihrem Wirtstier, bis sie schwimmen können.

Noch ein kleiner Fisch lebt gerne in unseren Teichen: die Elritze, *Phoxinus phoxinus.* Eine Körperlänge von zehn Zentimetern ist wohl das höchste, was sie erreichen

o: Der Bitterling legt seine Eier in eine Teichmuschel. Foto: Dr. HERKNER
u: Die kleine Elritze gilt als besonders munterer Schwarmfisch. Foto: Dr. HERKNER

kann. Auch dieses Tier, das im Schwarm zusammen bleibt, verfärbt sich zur Laichzeit smaragdgrün, wobei die Winkel des Mundes karminrot, die Kehle schwarz und die Brust orangerot werden. Die Eiablage erfolgt auf Kieseln oder direkt auf Sand, und die Laichzeit kann sich von Mai bis Ende Juli erstrecken. Pflanzliche Stoffe ebenso wie auch tierisches Futter dienen zur Ernährung dieser Fische. Innerhalb des Schwarmes erwecken sie oft den Eindruck, als würden sie spielen, und gerade dieses Verhalten macht die Elritze so liebenswert.

Zuletzt wollen wir noch über das Moderlieschen, *Leucaspius delineatus,* sprechen. Es wird ebenso groß wie die Elritze und erweist sich in unserem Teich als eher noch haltbarer. Auch dieser Fisch lebt in Schwärmen. Er tritt durch ein ungewöhnliches Brutpflegeverhalten hervor: Das Weibchen legt die Eier an Wasserpflanzen ab und das Männchen bewacht das Gelege, indem es laufend durch Anstupsen der Stengel für Bewegung sorgt und so ausreichende Sauerstoffzufuhr gewährleistet.

Schließlich gäbe es noch eine ganze Reihe kleiner Süßwasserfische, die sich auch in unserem Teich halten ließen, aber da sie meist als Einzelgänger am Boden leben, würden wir sie praktisch nie zu Gesicht bekommen. Es wäre nicht sinnvoll, sie auszusetzen. Außerdem möchte ich bemerken, daß ich von Raubfischen aller Art, und dazu gehören auch die kleinen amerikanischen Barsche, abrate, denn solche Fische würden kaum eine Kaulquappe hochkommen lassen, der wir doch letztlich auch eine Chance geben wollen.

GOLDFISCH UND KOI

Doch nun zu einem Karpfenfisch, der ausschließlich für die Haltung im Teich gezüchtet wurde, dem Goldfisch, *Carassius auratus.* Hier haben sich vor allem die Chinesen schon vor langer Zeit hervorgetan und sogar die unmöglichsten Formen erzeugt, die schon aus ästhetischen Gründen übergangen werden sollen. Beim Goldfisch besticht vor allem seine Farbe. Es gibt ihn in allen möglichen Variationen, von orangerot bis schwarz- gefleckt. Immer jedoch macht er sich von oben sichtbar, und dies ist wohl auch der Grund für seine Beliebtheit. Ich muß gleich vorausschicken: Ich mag ihn nicht, da ich die Meinung vertrete, daß er nicht in einen Naturteich paßt. Mit ihm geht es mir ebenso wie mit den gärtnerischen Blumenzüchtungen, die meines Erachtens in ihrer übertriebenen Schönheit zu stark dominieren. Doch wenn einer Goldfische halten will, soll er dies nach Belieben tun. Meine Meinung ist subjektiv, und niemand braucht sich danach zu richten.

Fest steht jedoch, daß der Goldfisch im Gegensatz zu anderen Fischen meist sichtbar bleibt und damit für den Teich einen lebendigen Blickpunkt bildet. Außerdem ist er denkbar anspruchslos, läßt sich problemlos mit käuflichem Futter ernähren, und vor allem Kinder werden ihre Freude daran haben; allerdings auch die streunenden Katzen, denen es besonderen Spaß macht, diese bunte und auch recht zutrauliche Beute herauszuangeln.

Übrigens soll nicht vergessen werden, daß die Japaner mit dem Koi-Karpfen zur Farbe im Teich beigetragen haben. Diese gibt es nun wirklich in allen Variationen, und von entsprechenden Freaks werden Unsummen für besonders gelungene Züchtungen gezahlt. Sie wachsen über kurz oder lang zu einer beträchtlichen Größe heran, und es bedarf schon einer ausgedehnten Wasserfläche, um sie artgerecht halten zu können. Sie werden so zahm, daß sie anstandslos aus der Hand fressen und sich nicht zuletzt dadurch viele Freunde erworben haben.

Auf eines muß ich allerdings in bezug auf die Fischhaltung aufmerksam machen. Sie können im allgemeinen den Teich im Winter nicht sich selber überlassen. Fische verfallen niemals in eine völlige Winterstarre und brauchen auch in dieser Jahreszeit eine gewisse Menge an Sauerstoff. Sie müssen also, wenn Sie Fische halten wollen, Vorkehrungen treffen, wie ich sie im ersten Band beschrieben habe. Es wäre wirklich kein schönes Gefühl, im Frühjahr lauter Leichen entfernen zu müssen.

Koi-Karpfen bringen Farbe in den Gartenteich. Foto: TETRA-Archiv

MOLCHE UND SALAMANDER

Während die Fische gänzlich auf den Lebensraum Wasser angewiesen sind, zählen Molche und Salamander ebenso wie Frösche und Kröten zu den Amphibien. Es handelt sich also um Tiere, die sowohl im Wasser als auch an Land leben und in den meisten Fällen zumindest das Wasser zur Eiablage aufsuchen, in welchem dann die Jungen ihre ersten Lebensstadien bis zur Metamorphose verbringen.

Hier bietet sich die Gelegenheit, kurz auf die Entwicklungsgeschichte einzugehen. Während wir die ganze Zeit über nur von Invertebraten, also von wirbellosen Tieren gesprochen haben, sind wir mit den Fischen zum ersten Mal auf die Wirbeltiere gestoßen, zu der bedeutendsten Tierklasse, zu der in letzter Konsequenz auch wir Menschen gehören. Auch das Leben der Wirbeltiere hat sich zunächst im Wasser entwickelt, und die berühmten Quastenflosser machten dann vor etwa 350 Millionen Jahren den Versuch, ihr bisheriges Lebenselement zu verlassen und das Land zu erobern. Zunächst dürften dabei Amphibien entstanden sein, also Tiere, die immer wieder ins Wasser zurückgingen, ebenso wie es heute noch Molche und Salamander tun. Von ihnen aus haben sich dann im Zuge der Evolution die Reptilien und aus jenen wieder die Vögel und Säugetiere entwickelt.

Nach diesem kurzen Abschweifen in weit zurückreichende Zeiten wollen wir uns wieder unserem eigentlichen Thema zuwenden und näher auf die Molche eingehen.

DIE KLEINEN MOLCHE

Zwei Arten von ihnen, der Bergmolch und der Teichmolch, sind auch heute noch relativ häufig und werden sich von selbst ohne weiteres Zutun in unserem Gartenteich einstellen. Mit dem Bergmolch, *Triturus alpestris,* wollen wir beginnen.

Das farbenprächtige Männchen zeigt zur Paarungszeit am Rücken einen schwarz-gelblich gezeichneten Kamm, der in einen stahlblauen Rücken übergeht. Am Kopf und am unteren Teil der Oberseite wiederholt sich die schwarz-gelbe Zeichnung, und der gesamte Bauch erstrahlt in einem leuchtenden Orange. Das Weibchen gibt sich wesentlich schlichter. Sein Rücken geht ins Bräunlich-Olive, und selbst in Hochzeitsstimmung verzichtet es auf die Bildung eines Kammes. Der Bauch unterscheidet sich in seiner Färbung nicht von dem des Männchens. Gerade an der Bauchfarbe kann man diesen Molch untrüglich in beiden Geschlechtern erkennen. In der Natur lebt der Bergmolch vor allem

Zu den farbenprächtigsten Molchen gehört der Bergmolch. Männchen und Weibchen sind unterschiedlich gezeichnet.

in stehenden Gewässern, wobei er oft mit den kleinsten Tümpeln vorlieb nimmt. Nachdem er an Land überwintert hat, sucht er schon im zeitigen Frühjahr das Wasser auf. Kurz darauf beginnt die Paarungszeit. Schon die Werbung bietet ein reizvolles Bild. Das Männchen nähert sich seiner Partnerin und vollführt unter Verkrümmungen wedelnde Bewegungen mit dem Schwanz. Dabei gelangen stimulierende Duftstoffe in die Nähe des Weibchens, die dazu dienen, dieses in Stimmung zu bringen. Dann legt das Männchen ein Samenpaket ab, welches vom Weibchen aufgenommen wird. Die Eiablage erfolgt an Wasserpflanzen, wobei einzelne Blätter tütenförmig zusammengefaltet werden. In die so entstandene Öffnung legt das Weibchen seine Eier. Sollten keine Pflanzen zur Verfügung stehen, scheut es sich nicht, diese direkt am Boden abzusetzen. Sie sind grau bis braun und bringen es nicht einmal auf zwei Millimeter im Durchmesser. Die daraus schlüpfenden Larven verbringen ihre ganze Metamorphose im Wasser und gehen erst im Spätsommer, wenn sie sich bereits zu fertigen Jungmolchen entwickelt haben, an Land, um nach einem günstigen Überwinterungsplatz zu suchen. Nach der Paarung verbleiben die Molche noch einige Zeit im Wasser, verlassen aber dieses Element, um den Sommer an Land zu verbringen. Dabei verkriechen sie sich an feuchten Stellen, unter Steinen oder sonstigem Material. Manche jedoch fühlen sich offensichtlich im Wasser so wohl, daß sie bis zum Spätsommer hier verbleiben und schließlich nur zur Überwinterung das Land aufsuchen. Es soll jedoch auch schon vorgekommen sein, daß Molche selbst den Winter im Wasser verbringen. Wahrscheinlich kann man darin Erinnerungen an ihre Fisch-Vorfahren sehen, und, obwohl inzwischen einige Hundert Millionen Jahre vergangen sind, haben sie sich offensichtlich immer noch nicht so richtig an das Landleben gewöhnt.

Vielleicht spielt bei diesem absonderlichen Verhalten auch das Nahrungsangebot eine Rolle. Die Anzahl der Mücken- und sonstigen Insektenlarven sowie auch der Kaulquappen - Molche fressen auch ihre eigenen Jungen - nimmt im Laufe des Sommers ständig ab, und möglicherweise trägt dieser Umstand dazu bei, daß sie das Wasser verlassen. Andererseits können sie am Land unter Steinen auch zu dieser Zeit noch genügend Asseln und anderes Getier finden. So ganz genau vermag man dieses etwas widersprüchliche Verhalten immer noch nicht zu deuten.

Auf eine besondere Eigenheit muß allerdings noch hingewiesen werden. Diese Tiere überstehen im Zuge ihres Wachstums einige Häutungen, und sie haben danach nichts besseres zu tun, als die alte Haut mit größtem Appetit zu verspeisen, als ob dies ein besonderer Leckerbissen wäre. Außerdem hat sich herausgestellt, daß Molche im allgemeinen fischbesetzte Gewässer meiden. Für uns ergibt sich daraus die Konsequenz, uns entweder für Molche oder für Fische zu entscheiden. Dies kann jeder ganz nach Belieben tun.

Den zweiten recht häufigen finden wir in dem Teichmolch, *Triturus vulgaris.* Er kann zwar mit dem Bergmolch an Schönheit nicht wetteifern, aber wir wollen ihn doch gerne in unserem Teich haben. Die Oberseite dieses Tieres zeigt eine bräunliche bis schmutzig gelbe Farbe, wobei das Männchen durch eine Fleckung hervorsticht. Diese Flecken treten beim Weibchen nur undeutlich zutage und wirken manchmal geradezu verschwommen. Die Bauchseite beider Geschlechter zeigt einen hellen Grundton. Das Männchen bildet zur Brutzeit, am Schwanz beginnend, einen Kamm, der sich bis zum Kopf fortsetzt und einen gewellten Eindruck hervorruft.

Zur Balzzeit vollführt das Männchen Körperverrenkungen, die in der Bildung eines Buckels ihren Höhepunkt haben. Dabei wird der Schwanz parallel zum Körper in Richtung auf das Weibchen gestellt. Schlängelnde Bewegungen und heftiges Vibrieren begleiten diese Vorstellung. Das Weibchen legt zwei- bis dreihundert Eier an Wasserpflanzen einzeln ab, wobei auch Steine oder Treibholz als Substrat benützt werden. Alles weitere geht dann ebenso vor

Der Teichmolch trägt ein unscheinbares Kleid, ist aber trotzdem in unserem Teich ein gern gesehener Gast.

sich wie beim Bergmolch, und bald nach der Eiablage ziehen sie sich aus dem Wasser zurück. Der Teichmolch erweist sich als besonders geschickter Schwimmer und ist darüber hinaus recht wanderfreudig. Einerseits ist er häufig der erste, der sich an unserem neu angelegten Teich einfindet, andererseits erweist er sich nicht als besonders ortstreu. Wir brauchen uns also nicht groß zu wundern, wenn wir in einem Jahr einmal weniger von ihnen sehen. Vor allem, wenn zu dieser Zeit in der näheren Umgebung neue Teiche angelegt wurden, kann dies durchaus der Fall sein. Doch über kurz oder lang kehren sie wieder zurück. In bezug auf seine Ernährung besteht kein Unterschied zum Bergmolch. Ich habe jedoch den Eindruck, daß der Teichmolch das Wasser eher verläßt als der Bergmolch. Jedenfalls kann ich mich nicht erinnern, jemals im späten Sommer noch ein solches Tier im Wasser angetroffen zu haben.

Damit kommen wir zum dritten kleinen Molch, dem Fadenmolch, *Triturus helveticus.* Er ist bei uns wesentlich seltener, weil er mehr auf das westliche und südliche Europa beschränkt ist. Wir wollen ihn deshalb auch nur kurz besprechen. Der Rücken und die Seiten des Körpers zeigen sich bräunlich bis schmutziggrün und weisen nicht selten dunkle Flecken auf. An

Kehle und Bauch herrscht weißliche Färbung vor. Die Männchen haben einen fadenförmigen Fortsatz am Schwanzende, woraus sich der Name Fadenmolch ableiten läßt. Ergänzend wäre noch zu bemerken, daß er kleiner bleibt als seine beiden Verwandten.

DER KAMMOLCH, DER GRÖSSTE VON ALLEN

Schließlich sind wir bei dem imponierendsten Vertreter unserer heimischen Molche, dem Kammolch, *Triturus cristatus*, angelangt. Es ist dies weitaus der größte Molch, den wir erwarten können, und er wird nicht selten an die 18 Zentimeter lang. Normalerweise kommt er nicht in jedem beliebigen Tümpel vor, und er fühlt sich in etwas größeren Gewässern wohler. Außerdem ist er in der freien Natur inzwischen recht selten geworden, und es wäre schon ein großer Glücksfall, wenn er in unserem Teich auftauchen würde. Vielleicht ist dies auch ganz gut, denn wo sich der Kammolch breitmacht, müssen alsbald die anderen Molche weichen. In seiner Gefräßigkeit scheut er nicht davor zurück, auch seine kleineren Artgenossen als willkommene Beute zu betrachten, zumindest, solange diese noch nicht völlig ausgewach-

Der größte von allen Molchen, der Kammolch, wirkt wie die Miniausgabe eines Sauriers.

Molch-Larven entwickeln sich ausschließlich im Wasser.

sen sind. Jedenfalls werden wir nur selten ein Gewässer finden, in dem große und kleine Molche friedlich zusammenleben.

Normalerweise erscheint er erst etwas später, und es kann schon April werden, bis er nach seinem Winterschlaf am Wasser auftaucht. Zur Paarungszeit stellt sich das Männchen so vor dem Weibchen auf, daß die beiden Geschlechter zueinander einen spitzen Winkel bilden. Es kommt dabei zu dem üblichen Spiel, wobei das Männchen in höchster Erregung mit dem Schwanz heftige Schläge vollführt, die dem Zweck dienen sollen, dem Weibchen stimulierende Duftstoffe zuzuführen. Dabei setzt es Samenpakete ab in der Erwartung, daß das Weibchen diese mit den Lippen seiner Kloake aufnimmt. Dieses benützt wiederum eingefaltete Blätter von Wasserpflanzen, in denen es ihre 200-400 Eier einzeln deponiert.

Die Larven schlüpfen spätestens nach drei Wochen, und innerhalb der nächsten drei Monate haben sie ihre Metamorphose beendet. Auch die Kammolche verlassen nach der Balzzeit das Wasser und führen fortan ein Leben unter Steinen oder sogar in Erdlöchern, wo sie schließlich auch überwintern. Allerdings habe ich selbst schon einmal beobachtet, daß sie den Winter unter Wasser verbracht haben.

Als ich einmal einen Teich im zeitigen Frühjahr abließ, fand ich verborgen unter einer im Wasser abgesunkenen Wurzel eine ganze Kolonie dieser imposanten Molche eng zusammengeschmiegt und nahezu erstarrt. Das Wasser war zu diesem Zeitpunkt noch sehr kalt, und auch das Wetter zeigte sich alles andere als einladend, so daß ich mir nicht denken kann, daß sie schon vorher zugewandert sind. Auch die ganze Art, wie sie zusammenlagen, deutete auf Winterstarre hin.

Wie schon erklärt, dürfen wir im Kammmolch den imposantesten Molch unserer heimischen Fauna sehen. Seine Oberseite zeigt sich schwarz oder auch gefleckt, und auf den Seiten treten deutlich weiße Pünktchen hervor. Auch die gelbe Bauchseite weist schwarze Flecken auf. Der Schwanz wird ebenso lang wie der Rumpf, und während der Paarungszeit bildet das Männchen einen relativ hohen, gezackten Kamm aus, der allerdings gegen das Körperende hin flacher wird und sich auf beiden Schwanzseiten ungezackt fortsetzt. Wenn man sich dieses Tier im Schmucke seines Kammes stark vergrößert vorstellt, so könnte man den Eindruck gewinnen, zumindest einen Minisaurier vor sich zu haben. Im Gegensatz zu seinem Aussehen gibt sich dieses Tier völlig harmlos, und man kann es unbedenklich in die Hand nehmen, ohne Angst haben zu müssen, gebissen zu werden. Dazu wäre dieser Lurch auch gar nicht fähig.

Sollte der Kammolch wider Erwarten in Ihren Teich zuwandern, müßten Sie zwar in Zukunft aller Voraussicht nach auf andere Molche verzichten, und doch glaube ich, daß dieses Tier Sie dafür voll und ganz entschädigen würde.

SALAMANDER SIND SEHR SELTEN

Normalerweise wird man den Feuersalamander, *Salamandra salamandra,* kaum zu Gesicht bekommen. Meist führt er ein verstecktes Leben und läßt sich im allgemeinen nur des Nachts und auch da bloß bei Regenwetter sehen. Er ernährt sich von Würmern, Nacktschnecken und von Insekten. Selbst die Paarung erfolgt erst nach Einbruch der Dunkelheit und dies im allgemeinen an Land oder bestenfalls in flachem Wasser. Das Männchen schiebt sich dazu in Rückenlage unter das Weibchen und ergreift dessen Vorderbeine mit seinen eigenen. Dabei gibt es seinen Samen ab. Dieser wird vom Weibchen aufgenommen und in einer Samentasche verwahrt, wo er dann später zur Befruchtung der Eier verwendet wird. Zuweilen kann dies erst im nächsten Jahr geschehen. Die Jungen werden lebend geboren und in einem kühlen, sauberen Wasser abgesetzt. Dies wäre der einzige Moment, in dem ein Feuersalamander an unserem Teich auftauchen könnte, vorausgesetzt, daß dieser Lurch in unserer Umgebung vorkommt. Nach zwei bis drei Monaten haben die Jungen ihre Umwandlung vollzogen und gehen an Land zurück, um dort dasselbe heimliche Leben zu führen wie ihre Elterntiere. In unserem Garten werden wir diesem Tier leider nur in seltenen Ausnahmen die richtigen Lebensbedingungen bieten können.

Ergänzend sei nur vermerkt, daß der schwarz-gelbe Feuersalamander ein giftiges Sekret ausscheidet, und wenn man ihn anrührt, sollte man sich unbedingt anschließend die Hände waschen.

Einen weiteren Salamander werden wir in unserem Garten auch kaum finden, es sei denn, unser Wohnsitz liegt im Gebirge in mindestens 1000 Meter Höhe. Es handelt sich um den pechschwarzen Alpensalamander, *Salamandra atra.* Er braucht nicht einmal unseren Gartenteich für seine Jungen, denn dieses Tier bringt nach einer Trächtigkeit von etwa einem Jahr fertige Jungtiere zur Welt, die von Anfang an das Landleben gewohnt sind.

Der gelbgefleckte Feuersalamander und der schwarze Alpensalamander sind die einzigen Vertreter dieser Gruppe in unserer heimischen Fauna.

Frösche und Kröten

Während wir im letzten Kapitel über die Schwanzlurche gesprochen haben, wird nun von den Froschlurchen die Rede sein. Wie schon aus der Bezeichnung hervorgeht, liegt der Hauptunterschied zwischen beiden Gruppen darin, daß Molche und Salamander einen Schwanz haben, während dieser bei Fröschen und Kröten fehlt. Einige von ihnen können nachts laute Konzerte veranstalten, und gegebenenfalls könnte ihr Nachbar daran Anstoß nehmen. Inzwischen gibt es jedoch ein Gerichtsurteil, daß niemand gegen natürlich zugewanderte Frösche etwas unternehmen kann. Nur bei ausgesetzten Tieren kann die Beseitigung gefordert werden. Da jedoch die Entnahme von Amphibien aus der freien Natur verboten ist, kann es sich zwangsläufig nur um zugewanderte Tiere handeln. Sie wissen also, wie Sie sich einem unleidigen Nachbarn gegenüber zu verhalten haben. Er wird niemals verlangen können, daß Sie Ihren Teich zuschütten und wird gegebenenfalls das Gequake Ihrer Frösche ertragen müssen, ob er nun will oder nicht. Abgesehen davon werde

Ein Wasserfrosch, der sich eine Seerose als Ruheplatz auswählt, wirkt wie der sagenhafte Froschkönig.

Mit einiger Geduld kann man auch Wasserfrösche dazu bringen, sich Futter aus der Hand zu holen.
Foto: Dr.HERKNER

ich niemals begreifen können, daß jemand in unserer lärmerfüllten Zeit überhaupt an natürlichen Lauten Anstoß nehmen kann. Jeder sollte froh sein, daß er so etwas überhaupt noch zu hören bekommt. Wenn das apokalyptische Wort vom „Stummen Frühling" wahr werden sollte, dann ist ohnehin alles vorbei.

Wasserfrosch und Laubfrosch können quaken

Für mein Empfinden ist ein Teich ohne Frösche nur eine halbe Sache, und deshalb wollen wir hoffen, daß recht bald diese grünen Gesellen zuwandern werden. Es soll vom Wasserfrosch, *Rana esculenta,* die Rede sein. Dieser Frosch hat sich auf perfekte Weise dem Wasser angepaßt. Zwar sitzt er gerne zum Sonnen auf einem Stein, einer Wurzel oder auch auf einem Seerosenblatt, doch bei Gefahr wird er sich immer schnellstens mit weitem Sprung, dem ein sofortiges Abtauchen folgt, in das Wasser zurückziehen. Dieses Element betrachtet er als seine Heimat, und nur hier fühlt er sich sicher.

Seine Ernährung bestreitet er im wesentlichen aus Insekten aller Art, und wenn wir ihm eine Freude machen wollen, so füttern wir ihn zusätzlich mit Mehlwürmern. Sobald er sich einmal daran gewöhnt hat, wird er bald feste Futterplätze akzeptieren und schon auf seine Ration warten, sollten wir uns einmal verspäten. Bei einiger Geduld könnten wir ihn sogar soweit bringen, daß er seine natürliche Scheu verliert und auf die Hand springt, um dort seine Leckerbissen entgegenzunehmen.

Seine quakenden Töne bringt er mit Hilfe der beiden Schallblasen zuwege, die an den hinteren Kopfseiten liegen. Nur zur Paarungszeit können die Töne laut und manchmal auch unmelodisch sein, doch dies dauert nur wenige Wochen im Frühjahr, vielleicht von Ende Mai bis Ende Juni. Das Weibchen legt seine Eier in dicken Ballen ab, und in Kürze schlüpfen die Kaulquappen, die ihre Umwandlung im Wasser vollbringen und dabei ein wertvolles Glied der Nahrungskette darstellen. Wie es nun meistens in der Natur so zugeht, dient jegliche Massenproduktion wieder der Erhaltung anderer Arten, und nur ein Bruchteil hat die Gelegenheit, sich zum fertigen Frosch zu entwickeln. Selbst im halberwachsenen Alter drohen noch viele Gefahren, und sei es auch nur der Umstand, daß er von seinen großen Artgenossen als willkommene Abwechslung im Speiseplan betrachtet wird.

Die Kaulquappen erfüllen aber noch eine andere wichtige Aufgabe. Sie ernähren sich vornehmlich von pflanzlichen Stoffen und gelegentlich auch von Aas, weshalb

Die Kaulquappen der Frösche verbringen ihre Entwicklungszeit im Wasser.

man sie nicht nur als Gesundheitspolizei betrachtet, sondern darüber hinaus auch als Vertilger lästiger Algen.

Spätestens Anfang Oktober verschwinden die Frösche und ziehen sich zur Winterruhe zurück. Sie verbringen die kalte Jahreszeit unter Wasser, atmen nur noch über die Haut und setzen ihre Herztätigkeit auf vier Schläge pro Minute herab. Ende April oder Anfang Mai erscheinen sie dann wieder, um uns einen Sommer lang zu erfreuen.

Einen weiteren Frosch, der ganz erheblich quaken kann, kennen wir als den beliebten Laubfrosch, *Hyla arborea,* einen kleinen grasgrünen Gesellen, der fast unkenntlich im Gezweig von Laubgehölzen sitzt. Je nach Stimmung und Umweltbedingungen verfügt er über die Fähigkeit, schnell seine Farbe zu wechseln, wobei er die Auswahl in der Palette zwischen grau und braun hat. Dies macht ihn natürlich noch unkenntlicher, und wir tun uns manchmal recht schwer, ihn auszumachen.

Wenn der liebenswürdige Laubfrosch unseren Garten besiedelt, macht er sich in Sommernächten durch sein hämmerndes Quaken bemerkbar.

Das einzige, wodurch er sich verrät, ist sein Gequake, doch wenn es sich um ein Konzert handelt, fällt es schwer, den einen vom anderen zu unterscheiden.

Früher war er fast überall in unseren Gärten heimisch, dann hörte und sah man jahrelang nichts mehr von ihm, doch in letzter Zeit scheint er sich erneut auszubreiten, so daß durchaus die Möglichkeit besteht, ihn wieder als ständigen Gast in unserem Wohnbiotop zu haben.

Ein Haupterkennungsmerkmal liegt in seiner kehlständigen Schallblase, die er wie einen Ballon aufzublähen vermag. Mit Hilfe von Haftballen an den Zehen schmiegt er sich an seine Unterlage. Spätestens im April verläßt er sein unterirdisches Winterquartier und begibt sich kurz darauf zur Laichablage ins Wasser. Doch auch dabei werden wir ihn nur selten entdecken, weil er meistens dieses Geschäft bei Nacht erledigt. Die Eier erscheinen in Form von kleinen Häufchen, schwimmen aber nicht an der Oberfläche, sondern sinken nach unten. Erst einige Wochen später können wir die goldig-grünen Kaulquappen finden, und wenn wir Glück haben, dann begegnet uns im Spätsommer ein kleiner, umgewandelter Frosch, bevor er sich ins Gesträuch zurückzieht. Ich liebe den Chor der Laubfrösche sehr, wenn er zugegebenermaßen auch manchmal recht laut erklingt, doch so ein natürliches Geräusch tönt um ein Vielfaches angenehmer als der Verkehrslärm, das Geknatter des Rasenmähers oder das Gekreische einer Kreissäge. Auch Popmusik in Überlautstärke kann einen zur Verzweiflung bringen. Mit diesem alltäglichen Lärm müssen wir leben, und warum sollten wir dann ausgerechnet an dem hämmernden Gequake des Laubfrosches Anstoß nehmen?

Noch ein paar andere Frösche

Von den anderen Fröschen unserer Heimat wird uns im allgemeinen höchstens der Grasfrosch, *Rana temporaria,* besuchen. Er zeigt bräunliche Farben, lebt in der feuchten Bodenvegetation und erwacht schon sehr früh aus seinem Winterschlaf, den er unter Wasser verbringt. Nicht selten geht er seinem Laichgeschäft schon zu einer Zeit nach, wenn noch die letzten Eisschollen im Wasser schwimmen. Der Laich, der in Klumpen bis zu 4000 Eiern abgelegt wird, sinkt zu Boden. Sein Quaken gleicht einem gemütlichen Brummen. Wenn es ihm bei uns gefällt, kann er recht ortstreu sein und sich durchaus ständig hier ansiedeln.

Wer seinen Grundbesitz in der Nähe eines Moores hat, könnte gegebenenfalls auch einmal einem Moorfrosch, *Rana arvalis,* begegnen. Er verrät sich durch seine zugespitzte Schnauze. Seine Grundfarbe

Der Grasfrosch liebt feuchte Wiesen. Sein Quaken gleicht eher einem gemütlichen Brummen.

zeigt eine dunkles Braun, das jedoch durch schwarze Flecken aufgelockert sein kann. Zur Fortpflanzungszeit färbt das Männchen seinen Rücken blau. Sein unaufdringlicher Ruf gleicht eher einem Glucksen, das man mit dem Geräusch einer leeren Flasche vergleichen könnte, die man unter Wasser taucht. Auch seine Eier werden im Wasser abgelegt und sinken in Klumpen zu Boden.

Als letzter soll noch der seltene Springfrosch, *Rana dalmatina,* erwähnt werden, der höchstens zufälligerweise unseren Garten aufsuchen dürfte. Seine Färbung reicht von lehmgelb bis rötlich. Sein bestes Erkennungsmerkmal liegt in seinen langen Hinterbeinen, die beim Umbiegen bis über die Schnauzenspitze hinausreichen. Er kann Sprünge vollführen, die über zwei Meter weit reichen. In der Auswahl seiner Laichgewässer zeigt er sich nicht besonders wählerisch, er nimmt nahezu mit jeder Wasseransammlung vorlieb, selbst notfalls mit tieferen Regenpfützen. Sein natürlicher Lebensraum liegt in lichten Laubwäldern.

DIE KLEINEN UNKEN

Erfahrungsgemäß wird es nur selten vorkommen, daß sich Unken an unserem Gartenteich ansiedeln. Sie lieben vielmehr kleine Wasserstellen, die inmitten einer feuchten Umgebung liegen und auch nicht der prallen Sonne ausgesetzt sind. Sollten

Die niedlichen Unken bevorzugen kleine Wasserstellen.

Sie beispielsweise in Ihrer Feuchtwiese einen kleinen Trog haben, so wäre dies ein Platz, an dem sich diese kleinen Lurche wohlfühlen könnten. Eines sei vorweggeschickt, Unken und auch Kröten können durch die Haut ein giftiges Sekret ausscheiden, das sie weitgehend davor behütet, von anderen Tieren gefressen zu werden. Für uns hat das allerdings die Konsequenz, daß wir uns immer die Hände waschen sollten, wenn wir so ein Tier angefaßt haben. Unsere Haut wird zwar keinen Schaden erleiden, aber sobald wir uns über die Augen wischen, kann es ein heftiges Brennen hervorrufen.

In unserer Heimat kommen zwei Arten von Unken vor, die Gelbbauchunke, *Bombina variegata,* und die Rotbauchunke, *Bombina bombina.* Wie schon der Name sagt, unterscheiden sie sich im wesentlichen durch die Farbe ihres Bauches. Bei der einen herrscht ein leuchtendes Gelb vor und bei der anderen ein schönes Rot. In beiden Fällen ist der Bauch dunkel gefleckt. Wenn eine solche Unke in Bedrängnis gerät, legt sie sich auf den Rücken und verfällt in eine Schreckstarre, und bei dieser Gelegenheit läßt sich ihr Bauch genau betrachten.

Die Gelbbauchige hat ihre natürliche Heimat im Bergland und die Rotbauchige zieht das Flachland vor. Wir werden also bestenfalls immer nur eine der beiden Arten bei uns beobachten können.

Ihr Verhalten gleicht sich. Sie sitzen am Rande des Gewässers oder treiben mit herausragendem Kopf an der Wasseroberfläche. Bei Gefahr tauchen sie blitzschnell ab und vergraben sich im Schlamm. Bald kommen sie jedoch wieder hervor und überzeugen sich, ob weiterhin Vorsicht geboten erscheint.

Die Paarungszeit kann sich von April bis in den Sommer hinein erstrecken. Dabei lassen die Männchen einen Ruf ertönen, der mit dem Klingen kleiner Silberglöckchen verglichen werden kann. Die Eiablage geschieht einzeln oder in Gruppen an Wasserpflanzen, und die Metamorphose der Larven dauert bis in den Oktober. Die Überwinterung erfolgt an Land.

Alles in allem handelt es sich bei ihnen um liebenswerte Tiere, die in jedem Fall eine Bereicherung für unseren Garten darstellen.

DAS HEIMLICHE VOLK DER KRÖTEN

Wenn oft von der „häßlichen" Kröte die Rede ist, möchte ich lediglich raten, das goldene Auge eines solchen Tieres genauer anzuschauen. Von da an verbietet sich das Wort „Häßlichkeit" von selbst, denn wir können kaum etwas Schöneres sehen. Ich schätze derartige herabsetzende Bemerkungen überhaupt nicht, denn jedes Tier hat seine Schönheiten, und wenn diese auch oft nur auf seinem interessanten Verhalten beruhen. Der Mensch sollte sich bewußt werden, daß ihm nicht die Rolle eines Richters zusteht, sondern daß er die Natur als Ganzes zu sehen und zu akzeptieren hat.

Doch jetzt wollen wir uns mit der Erdkröte, *Bufo bufo,* befassen, einem der nützlichsten Tiere, über deren Anwesenheit in unserem Garten wir froh und glücklich sein müssen. Sie führt ein heimliches Leben, und normalerweise läßt sie sich nur des Nachts sehen. Hier braucht nur irgendwo ein Lichtschimmer aufzutreten, der Insekten anlockt, so werden wir bald an dieser Stelle regelmäßig eine Kröte finden, die eine solche Futterquelle zu schätzen weiß. Außerdem frißt sie sogar gelegentlich Nacktschnecken, und allein dadurch hat sie sich unsere Sympathie verdient.

Bereits im zeitigen Frühling verläßt sie ihr Winterquartier und sucht ihr Laichge-

Erdkröten führen ein nächtliches Dasein. Wer einmal ihr goldenes Auge gesehen hat, wird sie nie mehr als häßlich bezeichnen.

wässer auf. Dabei erweist sich dieses Tier als besonders ortstreu, denn mag es sich das Jahr über auch weit davon entfernt aufgehalten haben, zur Erledigung seines Fortpflanzungsgeschäftes kommt es immer wieder dahin zurück, wo es geboren wurde. Wenn also beispielsweise Enten Laich einschleppen, und das kommt nicht selten vor, dann können wir für Jahrzehnte mit einer Krötenpopulation rechnen, die unseren Teich als Laichgewässer bevorzugt.

Nun kann es hier zu oft bemerkenswerten Situationen kommen. Wenn ein Männchen schon unterwegs auf ein Weibchen trifft, versucht es oft sofort, dieses für sich zu sichern, indem es aufreitet, sich mit seinen Haftscheiben festsaugt und sich zum Hochzeitsplatz tragen läßt. Da mehr Männchen als Weibchen auftreten, gibt es auch immer solche, die übrigbleiben und sich sozusagen als dritter im Bunde an einem bereits aufsitzenden Männchen festsaugen. Dabei können tragische Unfälle passieren, wenn ein Weibchen durch die doppelte Last unter Wasser gedrückt wird und ertrinkt.

Andere alleingebliebene Männchen klammern sich als Ersatz an ein Stück Holz, und man kann tatsächlich während einer Krötenhochzeit die merkwürdigsten und auch manchmal lustigsten Situationen erleben.

Das Weibchen legt seine Eier in gallertartigen, zwei- bis vierreihigen Schnüren ab, und das Männchen ist damit beschäftigt, diese überreiche Produktion zu befruchten. Die jungen Kröten haben sich nach drei bis vier Monaten verwandelt und verlassen das Wasser. Sehr bemerkenswert dürfte auch das Schutzgehabe der Erdkröte gegenüber einer Ringelnatter sein. Sie bläht sich stark auf und vollführt mit ihren steif ausgestreckten Beinen einen hin- und herwackelnden Tanz, wobei sie ein weißes, giftiges Sekret ausscheidet. Dabei wäre Derartiges gar nicht erforderlich, denn die Ringelnatter dürfte nur in äußerster Not eine Kröte fressen.

Während die Erdkröte praktisch überall gefunden werden kann, begrenzt sich das Vorkommen der Wechselkröte, *Bufo viridis,* nur auf ganz bestimmte Gebiete. Wir werden sie deshalb nur ausnahmsweise in unserem Garten sehen. Diese Kröte hat grüne Flecken auf grauer Haut und sieht dadurch wesentlich attraktiver aus. Sie läßt sich auch tagsüber blicken und kriecht nicht wie die Erdkröte, sondern bewegt sich mehr hüpfend fort. In ihrem Paarungsverhalten weist sie keine Unterschiede auf.

Im Norden unserer Heimat und stellenweise auch in anderen Regionen beherrscht die Kreuzkröte, *Bufo calamita,* das Feld.

Die grüngestreifte Wechselkröte läßt zur Paarungszeit einen trillernden Laut ertönen.

Die Kreuzkröte bewegt sich nicht hüpfend fort, sondern huscht eher behende wie eine Maus.

Der graugrüne bis dunkelbraune Rücken wird von einer gelben Mittellinie durchzogen, verbunden mit einer allgemeinen Tüpfelung, aus der man mit viel Phantasie ein Kreuz herauslesen kann. Im ganzen wirkt sie etwas schlanker, doch ihr Hauptunterscheidungsmerkmal besteht darin, daß sie weder kriecht noch springt, sondern eher wie eine Maus läuft oder gar recht behende huscht. Sandigen Boden bevorzugt sie. Ihr Paarungsverhalten weist keine Besonderheiten auf, mit der Ausnahme, daß ihre gallertartigen Eischnüre nur in einer Reihe vorliegen.

Die Knoblauchkröte, *Pelobates fuscus,* ist vermutlich gar nicht so selten, wie man häufig annimmt. Der Rücken des Männchens zeigt sich hellbraun, während der des Weibchens eine mehr graue Färbung aufweist.

Sie führt ein sehr verstecktes Leben dadurch, daß sie sich in Sand eingräbt und sich so unsichtbar macht. Nur nachts kann man ihr begegnen. Wenn man sie anfaßt, wehrt sie sich durch Ausscheiden einer nach Knoblauch riechenden Flüssigkeit. Ihre Kaulquappen können eine Länge von bis zu siebzehn Zentimetern erreichen, und sie überwintern nicht selten, bevor sie die Umwandlung vollziehen. Sollten Sie in Ihrem Teich einmal eine solche Riesenkaulquappe finden, dann wissen Sie nun, daß es sich um die Larve einer Knoblauchkröte handelt.

Als letztes wären noch ein paar Worte über eines der merkwürdigsten krötenartigen Tiere zu sagen, über die Geburtshelferkröte, *Alytes obstetricans,* die allerdings mehr mit den Unken als mit den Kröten verwandt ist. Trotzdem soll sie wegen ihrer Seltenheit - sie kommt nur im südwestlichen Teil unserer Heimat vor - an abschließender Stelle genannt werden. Tagsüber gräbt sie sich unter Holz oder auch unter Steinen ein und verläßt ihren Schlupfwinkel nur nachts. Sie bewegt sich durch einen schwerfällig wirkenden Lauf oder durch ein ebenso plumpes Springen. Zur Paarungszeit locken die Männchen die Weibchen durch einen melodischen, glockenartigen Ruf. Haben sie sich gefunden, umfaßt das Männchen den Hals des Weibchens, wobei dieses etwa 60 auf Schnüre gereihte Eier austreten läßt, die unmittelbar danach besamt werden. Das Männchen wickelt nun durch strampelnde Bewegungen mit den Hinterbeinen die Eischnüre um sich und trägt sie dann bis zur Schlupfreife mit sich umher. Erst jetzt sucht es ein Gewässer auf und streift die reifen Eischnüre ab. Die Kaulquappen überwintern und entwickeln sich im kommenden Jahr weiter. Dieses Beispiel von außergewöhnlichem Verhalten soll das Kapitel über die Kröten abschließen und gleichzeitig zeigen, daß auch solche oft verachteten Tiere es wert sind, sich näher mit ihnen zu beschäftigen.

Bei der Geburtshelferkröte trägt das Männchen die Eier bis zur Schlupfreife mit sich umher. Erst dann entläßt es sie in ein Gewässer.

Die Wasserschildkröte

Hier kommt nur eine einzige Art in Frage, die Europäische Sumpfschildkröte, *Emys orbicularis.* Sie war früher einmal bei uns weit verbreitet und wurde sogar in Klöstern als Fastenspeise benutzt. Heute ist ihr Vorkommen auf nur wenige Stellen beschränkt, und sie steht unter strengstem Naturschutz. Daß sie sich von selbst bei uns einfindet, dürfte kaum zu hoffen sein. Möglicherweise jedoch verfügt irgend jemand in unserer Nachbarschaft über alte Bestände, und da die Tiere während der Fortpflanzungszeit gelegentlich Wandergelüste zeigen, ist es dennoch nicht gänzlich auszuschließen, daß wir eines Tages von einem solchen urtümlichen Tier überrascht werden.

Wenn sie sich an einem Platz wohlfühlt, kann sie jahrzehntelang ausharren. Man wird nur gezwungen sein, sie zu füttern, weil sie voraussichtlich von selbst nicht die geeignete Nahrung in ausreichender Menge finden wird. Doch dies ist mit Hilfe von Fischfleisch leicht möglich, wenn dieses, falls es gefroren vorlag, vorher gründlich aufgetaut wurde. Es gibt sogar Teichbesitzer, bei denen diese Tiere sich fortpflanzen, und das schon über Jahre. Es bedarf dazu nur eines geeigneten Brutplatzes.

Der schwarze Rückenpanzer wird von gelblichen Punkten bedeckt. Auch Kopf und Beine zeigen eine ähnliche Sprenkelung. Ein helles Gelb kennzeichnet den Panzer der Bauchseite. Beim Männchen liegt hier eine etwas stärkere Eindellung vor, und außerdem unterscheidet sich dieses Geschlecht durch einen längeren Schwanz. Das Weibchen hat sinngemäß einen flacheren Bauchpanzer und einen deutlich kürzeren Schwanz.

Die Schildkröten können sich stundenlang am Ufer mit hochgestrecktem Kopf sonnen, bleiben aber meist so zaghaft, daß sie schnellstens abtauchen, sobald sich jemand dem Tümpel nähert. Diese Scheu legen sie immer erst gegen Ende des Sommers ab, wenn sie endlich gemerkt haben, daß ihnen vom Menschen keine Gefahr droht. Während des Winterschlafes vergessen sie jedoch diese Erkenntnis wieder, und im nächsten Frühjahr beginnt dasselbe Spiel von neuem. Sie scheinen offensichtlich weniger intelligent zu sein als Frösche und die Ringelnatter, bei denen ich beobachten konnte, daß sie sofort nach dem Erwachen aus dem Winterschlaf sich an die im vergangenen Jahr gemachten guten Erfahrungen erinnern konnten und entsprechend reagierten.

Die Paarung findet immer im Wasser statt, wobei das Männchen dem Weibchen aufsitzt und sich festklammert. Nach einigen Wochen legt das Weibchen seine Eier an eine vorher sorgfältig ausgewählte Stel-

Wasserschildkröten sonnen sich gern mit erhobenem Kopf am Ufer.

le. Sie gräbt dazu ein Loch und, wenn die Erde zu hart erscheint, weicht sie diese mit ihrem eigenen Urin auf. Nach der Eiablage wird das Gelege mit lockerer Erde verdeckt und das Loch somit wieder aufgefüllt. Die im Spätsommer schlüpfenden Jungtiere sind noch nicht größer als zwei Zentimeter, und das Problem liegt darin, ob sie über den Winter kommen.

Die Überwinterung geschieht immer im Schlamm des Heimatgewässers. Im Oktober werden sie seltener gesehen und nehmen gegen Ende des Monats auch keine Nahrung mehr ein.

Im November verschwinden sie endgültig, um dann schließlich gegen Ende April, oder in wärmeren Gegenden auch eher, wieder zu erscheinen.

Eidechsen und Blindschleiche

Jetzt kommen wir zu den Tieren, die sich wohl ausnahmslos jeder als Mitbewohner in seinem Wohnbiotop wünscht. Unbestreitbar genießen diese kleinen Echsen auch die Sympathie aller, so daß es unnötig erscheint, irgendwelche Vorzüge besonders aufzuführen. Leider ist es heutzutage nicht mehr so wie früher, wo jeder geeignete Biotop sofort von ihnen besiedelt wurde. Sie sind insgesamt viel seltener geworden, doch mit ein wenig Glück dürfen wir auch heute noch mit ihnen rechnen.

Zaun- und Mooreidechse

Die Zauneidechse, *Lacerta agilis,* wird sich gegebenenfalls als erste einfinden. Die Rückenfarbe des Männchens neigt ins Braune, während die Flanken eine grasgrüne Färbung annehmen. Es gibt aber auch Abarten mit rötlichem Rücken. Die Weibchen sind im allgemeinen am Körper braun gefärbt und von einem schwarzen Fleckenmuster überzogen. Das Männchen hat einen zartgrünen Bauch, und der des

Die Zauneidechse liebt viel Sonne und trockenes Gelände. Männchen und Weibchen sind unterschiedlich gefärbt.

Von der Zauneidechse gibt es auch eine Varietät mit rostbraunem Rücken.

Weibchens geht ins Gelblichweiße. Diese Eidechse liebt trockenes, sonniges Gelände und bedarf natürlich auch entsprechender Schlupfwinkel, in die sie sich bei Gefahr zurückziehen kann. Als ideal hat sich nach meinen Erfahrungen ein sonnig gelegener Holzstoß erwiesen. Wenn auch das Tier sich gegebenenfalls recht schnell bewegen kann, liebt es dennoch die Ruhe und kann oft stundenlang an einem Platz beobachtet werden. Die Nahrung besteht aus Insekten aller Art, die durch langsames Anschleichen und dann blitzschnelles Zupacken erbeutet werden. Wenn sich ein paarungswilliges Weibchen gefunden hat, leitet das Männchen die Vereinigung zunächst mit einem Biß in den Nacken ein. Die Weibchen graben später mit den Füßen ein Loch an geeigneter Stelle, legen ihre Eier hinein, bedecken es mit lockerer Erde und überlassen alles andere der Natur. Nach sechs bis sieben Wochen schlüpfen die Jungen und sind vom ersten Tag an selbständig. Zur Überwinterung sucht die Zauneidechse ein etwa 50 Zentimeter tief gelegenes Erdloch, und spätestens im April

Bei der Mooreidechse kann man Männchen und Weibchen an der Farbe des Bauches unterscheiden. Einmal ist er orangerot und beim Weibchen mehr gelblich. Dieses bringt lebende Junge zur Welt.

erscheint sie wieder. Die Zauneidechse kann recht zutraulich und auch geradezu handzahm werden. Sie läßt sich sogar auf einen Futterpfiff dressieren, wenn sie mitbekommen hat, daß ihr daraufhin ein Mehlwurm geboten wird, den sie alsbald anstandslos aus der Hand nimmt. Dieses Füttern der Eidechsen kann für uns zu einer täglichen Freude werden.

Die Mooreidechse, *Lacerta vivipara,* die außer in Mooren auch in lichten Laubwäldern vorkommt, wird sich schon wesentlich seltener bei uns einstellen. Beide Geschlechter haben einen braunen, gesprenkelten Rücken, und man kann sie unschwer daran unterscheiden, daß der Bauch des Weibchens gelbliche und der des Männchens orangerote Farbe zeigt. Diese Eidechse scheint wesentlich langsamer zu sein als die Zauneidechse und kann so gut wie gar nicht klettern. Auch ihr Wärmebedürfnis hält sich in Grenzen, und als große Besonderheit bringt sie lebende Junge zur Welt. Dies ist wohl als Anpassung an ihren meist feuchteren und weniger warmen Lebensraum zu werten, der nicht die geeigneten Bedingungen bietet, das Ausbrüten der Sonne zu überlassen. Wenn sie sich bei uns wohlfühlt, erweist sie sich als erstaunlich ortstreu und kann über Jahre immer an denselben Stellen angetroffen werden.

ZWEI SÜDLICHE TYPEN

Nur wer in klimatisch besonders begünstigten Gebieten wie beispielsweise am Kaiserstuhl oder bei Passau lebt, kann unter glücklichen Umständen damit rechnen, daß auch die folgenden Eidechsen in seinem Garten auftauchen, die bei uns nur an wenigen Stellen vorkommen, jedoch südlich der Alpen zum alltäglichen Bild gehören.

Zunächst wollen wir über die Mauereidechse, *Lacerta muralis,* sprechen. Sie bleibt wesentlich schlanker als unsere heimischen Arten und hat auch einen bedeutend längeren Schwanz. Wie ihr Name deutlich zu erkennen gibt, liebt sie es, sich an südwärts gerichteten Gebäuden aufzuhalten, und erweist sich als wahre Kletterkünstlerin. Die Grundfärbung liegt zwischen hellgrau und graubraun. An den Körperseiten findet man hellblaue Flecken, und das Weibchen fällt durch eine Längsstreifung auf. Die Paarung verläuft in der üblichen Art, wobei sich die Männchen zunächst heftige Kämpfe liefern. Die Eier werden in Erdlöchern abgelegt und dann sich selbst überlassen.

Die Mauereidechse liebt es, an steilen Wänden zu klettern.

Der zweite der südlichen Typen kann als der größte und zugleich als der prächtigste von allen bezeichnet werden: die Smaragdeidechse, *Lacerta viridis.* Hier handelt es sich um ein äußerst attraktives Tier mit einer grasgrünen Oberseite. Zur Paarungszeit verfärbt sich die Kehle des Männchens blau. Die Jungtiere zeigen sich zunächst etwas unscheinbarer mit einer braunen bis olivgrünen Zeichnung auf dem Rücken. Besonders fällt der lange Schwanz dieser Eidechse auf, der die Maße von Kopf und Rumpf um das doppelte übertrifft. Die gesamte Länge kann maximal bis zu 40 Zentimeter betragen. Die Smaragdeidechse gibt sich nicht ganz so harmlos wie ihre kleineren Verwandten. Wenn man sie anfaßt, wehrt sie sich durch Beißen, kann aber trotz ihrer kräftigen Kiefer die menschliche Haut nicht durchdringen. Normalerweise bleibt sie recht ortstreu und entfernt sich niemals weit von ihrem Schlupfwinkel. Ihre Ernährung bestreitet sie durch Insekten, manchmal jedoch auch durch kleinere Eidechsen und sogar durch Mäuse. Ungefähr sechs Wochen nach der Paarung legen die Weibchen ihre Eier in der üblichen Weise. Wie alle Eidechsen kann auch diese Art sehr zahm werden und gewöhnt sich daran, Futter von der Hand zu nehmen.

Ergänzend zum Thema Eidechsen sei noch erwähnt, daß alle in der Lage sind, bei Gefahr durch Verfolgung einen Teil ihres Schwanzes abzuwerfen und damit sicher manchen beutegierigen Räuber zu täuschen. Leider können sie diesen Trick nur einmal erfolgreich anwenden, denn der abgeworfene Schwanz wächst nur noch unvollkommen nach. Weiterhin sei auf die Mordlust von wildernden Katzen hingewiesen, die es speziell auf unsere Eidechsen abgesehen haben. Deshalb mein Rat: Verjagen sie jede Katze aus dem Biotop, in dem sich unsere Eidechsen aufhalten.

Die Eidechse ohne Füsse

Nicht alles, was keine Füße hat und auf dem Bauche kriecht, muß eine Schlange sein. Die Blindschleiche, *Anguis fragilis,* gehört zu diesen Tieren und wird oft genug von ahnungslosen Zeitgenossen erschlagen, weil man sich verpflichtet fühlt, jede „Schlange“ und sei sie auch noch so klein, zu vernichten. Dabei handelt es sich bei der Blindschleiche um ein durchaus harmloses Tier, das zu den Eidechsen gehört und lediglich im Laufe der Entwicklungsgeschichte seine Füße zurückgebildet hat, aus welchen Gründen auch immer. Sie wehrt sich bestenfalls durch Verspritzen ihres Kots. Die Körperoberseite zeigt eine Färbung von grau bis oliv, und manchmal kommen sogar messingfarbene Exemplare vor. Die Weibchen tragen eine dunkle Mittellinie am Rücken.

Nur gelegentlich nimmt sie am Tag ein Sonnenbad, normalerweise liegt sie ver-

Die Blindschleiche ist eine harmlose, fußlose Eidechse. Leider wird sie häufig für eine Schlange gehalten und unverständlicherweise erschlagen.

steckt unter Steinen und Wurzeln oder auch in mäßig feuchten Erdlöchern und wird erst nachts aktiv. Sie macht Jagd auf Würmer und Nacktschnecken. Wir können also von Glück reden, wenn sie sich in unserem Garten ansiedelt. Ein Helfer im Kampf gegen die Nacktschnecken dürfte uns immer willkommen sein. Leider wird sie sich nur in großen Gärten heimisch fühlen und bei uns bestenfalls gelegentlich zu Gast sein, denn offensichtlich braucht sie ein größeres Revier. Bei jeder Gefahr versucht sie zu fliehen, und auch sie kann einen Teil des Schwanzes abwerfen. Im allgemeinen überwintert sie zusammen mit zahlreichen Artgenossen. Die Jungen entwickeln sich soweit im Mutterleib, daß sie, noch mit der Eihülle versehen, ausgestoßen werden, doch diese platzt unverzüglich danach und gibt die Jungtiere frei, die vom ersten Tag an ein selbständiges Leben führen.

Die Ringelnatter

Die schlangenähnliche Blindschleiche bietet eine gute Überleitung zu einer echten Schlange, die sich gelegentlich in unserem Garten einfindet. Doch bitte keinen Schreck, die Ringelnatter, *Natrix natrix,* tut keinem Menschen etwas zuleide. Selbst wenn man sie anfaßt, wehrt sie sich meist nur durch Verspritzen ihres übelriechenden Kots, und nur selten wird sie beißen; und sollte dies wirklich einmal geschehen, wird damit keine größere Wirkung erzielt als die Einstiche feiner Nadelspitzen. Dies kann weder als schmerzhaft bezeichnet werden - ein Bienenstich ist viel unangenehmer - noch muß man eine Giftwirkung befürchten, da es sich bei diesem Tier um eine völlig ungiftige und harmlose Schlange handelt.

Die einzigen, die vor ihr Angst haben müssen, sind die Frösche, denn diese betrachtet sie als ihre Leibspeise. Zugegeben, man kann es nicht unbedingt als einen erfreulichen Anblick betrachten, wenn die Natter einen Frosch verschlingt, doch die Natur ist eben so. Vermutlich wird es wenige unter uns geben, die gerne zuschau-

Die Ringelnatter - eine völlig ungiftige Schlange - liebt es, sich im Schilfgestrüpp zu sonnen.

en, wenn ein Kalb geschlachtet wird, und dennoch verzehren wir das Schnitzel mit dem besten Appetit. Wir müßten geradezu Pharisäer sein, würden wir der Ringelnatter den Frosch mißgönnen oder gar Anstoß an der Art nehmen, wie sie ihn frißt.

Abgesehen davon geht es auch anders: Ich hatte jahrelang zwei Ringelnattern - ein Pärchen - in meinem Garten, und mir gelang es ohne besondere Mühe, die Nattern an Fischfleisch zu gewöhnen. Es kam schließlich soweit, daß die Schlangen jegliche Jagd auf Frösche einstellten und in geradezu paradiesischer Eintracht mit diesen zusammen in einem Teich lebten. Letztendlich erreichte ich sogar, daß sie mir das Futter aus der Hand nahmen, und ich habe mit dieser zirkusreifen "Nummer" immer viel Beifall und „ungläubiges" Erstaunen geerntet.

Doch nach dieser langen Einleitung zur Ringelnatter selbst. Diese Schlange gehört im Gegensatz zur giftigen Kreuzotter zu den Kulturfolgern, zu jenen Tieren also, welche die menschliche Nähe suchen, uneingedenk der Tatsache, ständiger Verfolgung ausgesetzt zu sein. Somit ist es durchaus möglich, daß sich diese Schlange irgendwann einmal bei uns einstellt, vor allem, wenn sie in der näheren Umgebung noch wild lebend vorkommt. Also, wenn Sie an Ihrem Teich einer Schlange begeg-

Es ist gar nicht schwer, die Ringelnatter so zutraulich zu machen, daß sie Futter von der Hand nimmt.

nen, die einen schlanken Körper, einen schmalen Kopf und an dessen Seiten je eine ohrenförmige gelbe Zeichnung aufweist, so ist dies kein Grund zur Panik. Sie liebt es, sich auf Wurzeln oder im Schilf zu sonnen. Spätestens gegen Ende April verläßt sie ihr Winterquartier, das sie sich mit Vorliebe im Komposthaufen sucht, und beginnt die ersten warmen Frühjahrstage damit, sich zunächst von der Sonne aufwärmen zu lassen.

Nach der ersten Häutung, deren Beginn man an den trübe werdenden Augen erkennt, wird die Paarung eingeleitet. Zunächst kriecht das wesentlich kleinere Männchen unter zuckenden Bewegungen des Körpers und des Kopfes neben das Weibchen. Dann umschlingen sich die Tiere mit den Schwanzenden, bis der eigentliche Begattungsakt vollzogen wird. Es kann dies eine sehr stürmische Umarmung sein, und ich konnte sogar einmal beobachten, wie sie so umschlungen durch den Teich schwammen. Kurz darauf kriecht das Weibchen zur Eiablage. Sie wählt dafür verrottendes Pflanzenmaterial, am liebsten das des Komposthaufens, dessen stete, gleichbleibende Wärme den Brutvorgang fördert. Nach etwa zwei Monaten schlüpfen die Jungen, die von Anfang an ebenso aussehen wie die Elterntiere und sich nur durch die Größe unterscheiden. Ich habe einmal ein solches Gelege in meinem Garten entdeckt, es tagelang beobachtet und mich schließlich im rechten Moment mit meinem Fotoapparat auf die Lauer gelegt, um den Schlupfvorgang im Bild einzufangen. Es war dies ein unvergeßliches Erlebnis, und ich konnte mich nicht genug wundern, daß die fertige Schlange in dem kleinen Ei Platz fand. Ich habe auch in den folgenden Jahren immer wieder regenwurmgroße Jungschlangen gefunden, doch nur bei einer einzigen habe ich erlebt, daß sie das Erwachsenenstadium erreichte. Die anderen fielen entweder Freßfeinden zum Opfer, von denen der Igel als einer der bedeutendsten gelten kann, oder sie sind in die Nachbarschaft abgewandert.

Damals mußte ich erst in mühevoller Arbeit und mit vielen Worten meine Nachbarn von der Harmlosigkeit dieser Schlange überzeugen, doch schließlich gelang mir dies sehr gut. Da die Ringelnatter ganz gerne Ausflüge in die nähere Umgebung macht, um allerdings stets wieder zurückzukehren, kam es nicht selten vor, daß ich einen Anruf erhielt, der in diesen oder ähnlichen Worten ausdrückte: „Ihre Schlange hängt in meinen Tomaten, bitte holen Sie sie wieder ab“. Anfänglich haben immer alle gestaunt, wie sorglos ich mit diesem Tier umging, aber im Laufe der Zeit haben sie sich daran gewöhnt.

Unsere gefiederten Freunde

Jetzt sind wir wieder einmal bei einem Kapitel angelangt, über welches man ein eigenes Buch schreiben könnte. Es wäre ein ziemlich nutzloses Unterfangen, hier alle Vögel auflisten zu wollen, die sich eventuell, und sei es nur als Irrgäste, in unserem Garten einfinden könnten. Ich sehe mich deshalb, um den Rahmen nicht zu sprengen, gezwungen, nur die wichtigsten zu erwähnen, die wir mit großer Wahrscheinlichkeit auch sehen werden.

Enten, Tauben und Steinkauz

Die Stockente, *Anas platyrhynchos,* wird unseren Gartenteich regelmäßig im Frühjahr besuchen. Ob wir darüber so glücklich sein werden, möge dahingestellt bleiben. Meistens richten diese Vögel ziemliche Unordnung an, und es kann nicht mit Sicherheit ausgeschlossen werden, daß sie unsere Molche dezimieren. Ich dulde sie

Im Frühjahr erhält unser Teich gelegentlich Wildentenbesuch. Leider bringen diese hübschen Vögel häufig vieles durcheinander.

trotz allem und habe sogar schon zweimal erlebt, wie sie bei mir zu nisten versuchten. Leider hat in beiden Fällen ein Marder meine Hoffnungen zunichte gemacht. Mehr als zerbrochene Eierschalen hat er nicht zurück gelassen.

Unter den Tauben entdecken wir vor allem die Türkentaube, *Streptopelia decaocto.* Sie ist an ihrem hellgrauen Gefieder und an dem schwarzen Halsring unschwer zu erkennen. Dabei gehört sie noch gar nicht lange zu unserer heimischen Fauna, da sie erst Mitte dieses Jahrhunderts vom Osten her einwanderte. Ihr Gegurre kann zu einem vertrauten Geräusch werden, wenngleich es auch hier schon naturentfremdete Menschen gibt, die glauben, daran Anstoß nehmen zu müssen.

Der Buntspecht gehört zu unseren schönsten Vögeln. Sein Balztrommeln ist im Frühling oft weithin zu hören. Foto: WENDL

Etwas ganz besonderes dürfen wir in dem Steinkauz, *Athene noctua,* sehen, der allerdings nur selten bei uns nisten wird und dies auch nur, wenn wir ihm eine geeignete Höhle zu Verfügung stellen. Im Volksmund wird er oft als Totenvogel bezeichnet, da sich aus seinem nächtlichen Ruf die Worte „Komm mit“ heraushören lassen. Derartigem Aberglauben wollen wir natürlich entschieden entgegentreten.

Spechte und andere grosse Vögel

Hier wäre zunächst der Große Buntspecht, *Dendrocopos major,* zu erwähnen, dessen Balztrommeln das baldige Frühjahr ankündigt. Am besten läßt man für ihn den Stamm eines abgestorbenen Baumes stehen, in den er sich seine Nisthöhle zimmern kann. Auch künstliche artgerechte Nistkästen gibt es zu kaufen. Dieser Vogel, dessen kichernder Ruf weithin gehört werden kann, macht sich vor allem durch die Vertilgung von vielen Maden und Raupen nützlich.

Auch der Grünspecht, *Picus viridis,* dürfte gelegentlich in unseren Gärten auftreten und könnte sogar, ebenso wie der Buntspecht, nisten. Dieser prächtige Vogel kann uns vornehmlich deshalb wilkommen sein, weil er von Ameisen lebt, die wir ihm gerne vergönnen. Sein Ruf gleicht einem herzhaften Lachen.

Die Elster, *Pica pica,* hat sich weniger Freunde erworben, da sie als Nesträuber gilt. Sie nistet oder, noch besser gesagt, horstet in hohen Bäumen und darf in ihrem schwarz-weißen Kleid als äußerst attraktiver Vogel bezeichnet werden. Man spricht oft von der „diebischen Elster", was auch in gewissem Sinn seine Berechtigung hat, da dieser Vogel dazu neigt, glitzernde Gegenstände in sein Nest zu tragen. Wenn er dabei einmal einen achtlos herumliegenden Brillantring erwischt, sollte man dies nicht der Elster, sondern dem Besitzer anlasten.

Auch der Eichelhäher, *Garrulus glandarius,* steht in dem Ruf, ein Nesträuber zu sein. Trotzdem sollten wir uns freuen, wenn wir diesen eindrucksvollen, bunten Vogel sehen oder wenigstens sein heiseres „Rätsch" vernehmen.

MEISEN UND ANDERE KLEINVÖGEL

Meisen dürfen wir als die eigentlichen Charaktervögel unserer Gärten ansehen, und wir tun gut daran, ihnen genügend Nistkästen zur Verfügung zu stellen, denn von diesen munteren Vögeln und eifrigen Schädlingsvertilgern können wir gar nicht genug haben. Da wäre zunächst die größte von ihnen, die schwarz-gelbe Kohlmeise, *Parus major,* die auch gleichzeitig als die häufigste gelten kann. Ihr allbekanntes „Zizibeh" kündet den nahenden Frühling. Die kleinere Blaumeise, *Parus caeruleus,* läßt sich an ihrem blauen Köpfchen erkennen, und die ebenfalls zu den Kleinmeisen zählende Tannenmeise, *Parus ater,* fällt durch einen weißen Strich am Hinterkopf auf, der deutlich zu dem ansonsten schwarzen Köpfchen kontrastiert. Meisen, darunter vor allem die Kohlmeise, können recht zahm werden, und es fällt nicht schwer, sie sogar soweit zu bringen, daß sie auf die Hand fliegen, um dort einen Leckerbissen entgegenzunehmen.

Anschließend an die Meisen soll der Kleiber, *Sitta europaea,* genannt werden, der durch einen Augenstrich die Wirkung eines Chinesen hervorruft und vor allem dadurch auffällt, daß er an Baumstämmen nicht nur aufwärts, sondern auch abwärts laufen kann, eine Fähigkeit, die kein anderer Vogel unserer Heimat mit ihm teilt. Der Name Kleiber rührt daher, daß er das

Kohlmeisen sind in unseren Gärten meist häufig. Sie machen sich durch das Vertilgen zahlloser Insekten nützlich. Es ist gar nicht schwer, sie an die Hand zu gewöhnen.

l: Der Kleiber nistet in Höhlen, deren Eingang er gemäß seiner Körpergröße verklebt.

u: Das reizvolle Goldhähnchen gilt als der kleinste Vogel unserer heimischen Fauna.
Foto: WENDL

Den kleinen Zaunkönig erkennt man an seinem steil aufgerichteten Schwanz. Foto: WENDL

Einschlupfloch des Nistkastens so weit mit lehmiger Erde verklebt, daß gerade er noch hindurchkommt. Es baut kein Nest, sondern begnügt sich mit einer Schicht trockenen Laubes.

Der Gartenbaumläufer, *Certhia brachydactyla,* liebt es auch, an Bäumen aufwärts zu klettern und dabei aus Rindenfugen Larven herauszupicken. Abwärts laufen kann er jedoch nicht. Sein unscheinbares braun-graues Gefieder macht ihn nur schwer erkennbar, und wenn man ihn genauer betrachtet, erkennt man seinen gebogenen Schnabel, der ihm das Eindringen in die kleinsten Ritzen ermöglicht.

Auch das Wintergoldhähnchen, *Regulus regulus,* könnte sich durchaus bei uns als Brutvogel einfinden. Es ist dies der kleinste Vogel unserer heimischen Fauna und sein zartes „sisisi“ verrät ihn, auch wenn er schwer auszumachen ist. Er brütet im dichten Nadelbaumgestrüpp und gilt als eifriger Insektenvertilger.

Zuletzt wäre hier über den Zaunkönig, *Troglodytes troglodytes,* zu berichten, der auch nicht viel größer als das Goldhähnchen wird. Man möchte nicht glauben, daß dieser kleine Vogel sein zeterndes „Tititit“ so laut rufen kann, und wenn man ihn erblickt, dürfte der stets nach oben gestellte Schwanz das beste Kennzeichen dieses braunen Kerlchens sein. Er brütet in Erdhöhlungen, wie beispielsweise unter Wurzeln, oder in Reisighaufen. Solche Bodenbrüter sind natürlich immer besonders durch streunende Katzen gefährdet, und ich kann aus eigener Erfahrung berichten, daß ich mich schon oftmals vergeblich auf junge Zaunkönige freute.

STAR, DROSSELN UND IHRE VERWANDTEN

Der Star, *Sturnus vulgaris,* war bis vor nicht allzu langer Zeit ein treuer und regelmäßiger Gast in unseren Gärten. Er hatte sich sogar so rasant vermehrt, daß er während seiner Winterzüge in Schwärmen von Tausenden unterwegs in Weinberge einfiel oder weiter südlich in Olivenplantagen und zugegebenermaßen große Schäden anrichtete.

Wie es nichts anders zu erwarten war, wurde er in diesen Ländern entsprechend verfolgt mit dem Ergebnis, daß er inzwischen seltener wurde. Bei uns hat er viele Freunde, und ein Starenkasten gehörte sozusagen zur Grundeinrichtung eines Gartens, und Jahr für Jahr fand sich ein Pärchen ein, das ihn besetzte. Heute ist es anders geworden, und viele Starenkästen bleiben leer. Sicher dürfte dieser Vogel noch weit von direkter Gefährdung entfernt sein, doch sollte man sich wieder vermehrt um ihn kümmern.

Häufig kommt er von seiner Winterreise schon im zeitigen Frühjahr zurück und beginnt unverzüglich damit, seine Wohnung zu säubern. Damit unterscheidet er sich deutlich von anderen Höhlenbrütern, die ein Nest über dem anderen bauen, bis die Höhle durch Überfüllung nicht mehr benützt werden kann. Seiner Stimme wegen hat er sich die Sympathie der Menschen gewiß nicht erworben, denn für uns bringt er nicht mehr als ein Knarren, Pfeifen oder Schmatzen zustande, alles andere also als einen melodischen Gesang. Doch sein munteres Wesen und Flügelschlagen und nicht zuletzt seine Eigenart als Frühlingsgarant hat seit Jahrhunderten fast jeden für ihn eingenommen. Mit ihm würde ein liebenswerter Vogel verschwinden, und wir hoffen, daß es nie so weit kommen wird.

Die Amsel, *Turdus merula,* zeigt bisher keine Tendenzen, an Häufigkeit zu verlieren. Im Gegenteil, sie hat erkannt, daß ihr unsere Gärten eine gute Lebensgrundlage bieten, selbst während der kalten Jahreszeit. Andererseits ist sie nicht ganz unproblematisch, da sie oft in neuen Pflanzungen sichtbare Verwüstungen anrichtet. Doch wollen wir ihr dies verzeihen. Sie entschädigt uns durch ihren Gesang, den wir als den schönsten in unserer heimischen Vogelwelt bezeichnen können.

Frühlingsbote Star. Er gilt als der munterste Vogel, der allerdings mehr durch Flattern, Schmatzen und Pfeifen auffällt als durch melodischen Gesang.

Die Amsel gilt als der beste und abwechslungsreichste Sänger unserer Vogelfauna.

Einen weiteren melodisch, aber nicht so abwechslungsreich singenden Vogel finden wir in der Singdrossel, *Turdus philomelos,* die sich mit ihrem braunen Rücken und der hellgefleckten Brust eindeutig von der Amsel unterscheidet. Meist läßt sie ihr Lied vom Gipfel eines hohen Baumes ertönen.

In die weitere Verwandtschaft der Drosseln gehören die Rotschwänzchen, von denen wir zwei Arten kennen, den Gartenrotschwanz, *Phoenicurus phoenicurus,* und den Hausrotschwanz, *Phoenicurus ochruros.* Der erstere besucht mit größerer Regelmäßigkeit unsere Gärten, und wir müssen ihm zur Brut eine Halbhöhle zur Verfügung stellen, die man auch käuflich erwerben kann. Am besten bringt man sie in einer Ecke oder Nische des Hauses an. Die Rotschwänze sind übrigens die letzten Vögel, die nach dem Winterzug heimkehren. Es kann Ende Mai oder gar Anfang Juni werden.

Zuletzt soll das Rotkehlchen, *Erithacus rubecula,* Erwähnung finden, einer der liebenswürdigsten und dem Menschen gegenüber vertrautesten Vögel überhaupt. Leider brütet es ziemlich tief, oft nahe am

Nicht selten haben Rotkehlchen ihre Zugvogeleigenschaft aufgegeben und bleiben auch im Winter bei uns. Foto: WENDL

Boden oder auch in Reisighaufen und setzt sich daher besonders ungeschützt wildernden Katzen aus, die so manches Nest mit Jungvögeln ausräubern.

Grasmücken und Fliegenschnäpper

Diese Vögel sind schon nicht mehr so ganz alltäglich, und am ehesten kann man die grünlich unscheinbar gefärbte Gartengrasmücke, *Sylvia borin,* finden. Ihr zarter Gesang und ihr steter Hunger auf Kleininsekten sichern ihr viele Freunde. Die schmucke Mönchsgrasmücke, *Sylvia atricapilla,* zeigt sich noch viel seltener. Sie fällt neben ihrem gräulich-braunen Rücken vornehmlich durch ihre glänzend schwarze Kopfplatte auf.

Schließlich wäre noch der Zilpzalp, *Phylloscopus collybita,* zu nennen, der zwar kein farbenprächtiges Federkleid trägt, aber an seinem Ruf, dem er seinen deutschen Namen verdankt, unschwer erkannt werden kann.

Die Mönchsgrasmücke mit ihrer schwarzen Kappe fällt durch ihren melodischen Gesang auf. Foto: WENDL

Die Fliegenschnäpper sind durch den unscheinbaren Grauschnäpper, *Muscicapa striata,* und den schwarz-weißen Trauerschnäpper, *Ficedula hypoleuca,* vertreten. Alle diese Vögel machen sich als Insektenvertilger nützlich.

FINKEN UND SPERLINGE

Die ersten Worte sollen dem Haussperling, *Passer domesticus,* gewidmet sein, jenem Allerweltskerl, der oft in so großen Mengen auftrat, daß er anderen Vögeln den Lebensraum streitig machte. Ich spreche hier absichtlich in der Form der Vergangenheit, denn heute hat sich vieles verändert. Der Spatz wurde inzwischen mancherorts geradezu selten, und man weiß eigentlich nicht so recht wieso. Fehlt es ihm an dem nötigen Futter oder an den geeigneten Nistmöglichkeiten? Wollen wir hoffen, daß sich die Bestände wenigstens in Maßen wieder erholen, denn es wäre traurig, wenn man ihn in Zukunft auf die rote Liste setzen müßte. Die einem Sperling recht ähnlich sehende Heckenbraunelle, *Prunella modularis,* soll hier auch kurz angesprochen werden. Meist sucht sie ihre Nahrung am Boden und entfernt sich selten weit von einer möglichen Deckung. Ein hoch

Der prächtig gefärbte Dompfaff gilt als beliebter Gast in unseren Gärten. Foto: WENDL

Der Kernbeißer kann mit seinem kräftigen Schnabel sogar Kirschkerne knacken.

pfeifendes „Ziht“ und ein trillernders „Di-di-di“ verrät ihre Anwesenheit.

Der Spatz und die anderen in diesem Kapitel zu besprechenden Vögel gehören zu den Körnerfressern. Deshalb sind sie aber nicht weniger wichtig für uns, denn ihre Jungen ziehen sie alle mit Insekten auf, und zwar mit den kleinen, von der Blattlaus bis zu den Mücken, die wir allesamt nicht besonders lieben. Wollen wir mit dem Buchfink, *Fringilla coeleps,* beginnen, den wir nicht nur wegen seines schmucken Federkleides schätzen, sondern ebenso wegen seiner Vertrautheit. Auch diese Vögel lassen sich handzahm machen. Selbst ihr Gesang erfreut uns. Der Grünfink, *Carduelis chloris,* gehört ebenfalls in diese Reihe. Hier ist es nicht das olivgrüne Gefieder, was uns besticht, sondern sein munteres Trillern. Geradezu schön hingegen wirkt der Dompfaff, *Pyrrhula pyrrhula.* Das Männchen schmückt sich mit einer rostroten Brust, einem blaugrauen Rücken und einer schwarzen Kopfkappe. Sein Gesang erschöpft sich in einem nicht allzu lauten, pfeifenden „Dü“. Er liebt es, in Deckung zu bleiben, und man hört ihn mehr, als daß man ihn sieht. Mit seinem kräftigen Schnabel vermag er auch größere Samen zu knacken.

Der Stieglitz, *Carduelis carduelis,* zeigt von allen seiner körnerfressenden Kollegen die farbigste Tracht. Es hat schwarz-gelbe Flügel, einen schwarz-weißen Schwanz, einen schwarz-weiß-roten Kopf und einen braunen Rücken. Er ernährt sich nahezu ausschließlich von Distelsamen und wird deshalb nur dann in unsere Gärten kommen, wenn in der näheren Umgebung unbewirtschaftete Wiesen mit dem entsprechenden Bewuchs liegen. Die offene Landschaft schätzt er ohnehin mehr als geschlossene Gärten.

Zuletzt noch ein paar Worte über das Prachtstück dieser Gruppe, den Kernbeißer, *Coccothraustes coccothraustes.* Schwarze Flügel, brauner Rücken, gelbbrauner Kopf, hellrötliche Brust und ein weißspitziger Schwanz kennzeichnen ihn. Sein mächtiger Schnabel erlaubt es ihm, sogar mit Kirschkernen oder ähnlichem fertig zu werden. Er nistet in hohen Bäumen und scheut sich nicht, dies auch in unserem Garten zu tun.

Wintergäste

Es gibt eine ganze Reihe von Vögeln, die im hohen Norden brüten, den Winter aber bei uns verbringen. Manche fallen in Massen ein, andere kommen vereinzelt. Der Bergfink, *Fringilla montifringilla,* gehört zu den Massenwanderern. Das

Die reizvolle Schwanzmeise brütet zwar auch bei uns in moorigen Gegenden, im Winter kommt sie jedoch als Teilzieher vom Norden in großen Scharen in unsere Gärten. Foto: WENDL

Als schönster Wintergast gilt der Seidenschwanz. Im Norden unserer Heimat stellt er sich öfter ein. Nur in ganz kalten Wintern zieht er bis zum Alpenrand.

Männchen fällt durch einen orangefarbenen Schulterfleck auf und eine ebensolche Brust. Ein durchaus schöner Vogel also, den wir gerne verköstigen, wenn er sich vorübergehend bei uns aufhält. Ebenfalls in großen Schwärmen kann der Zeisig, *Carduelis spinus,* auftreten, ein kleiner, gelber, zutraulicher Vogel mit schwarzem Scheitel am Kopf. Wenn es ihm gefällt, kann er auch den Winter über bei uns bleiben. Dabei kommt es zu einem morgendlichen Jubilieren, das sich in einem langgezogenen „Dieh-dieh-dieh" ausdrückt. Möglicherweise bleibt auch einmal ein

Pärchen zum Brüten hier. Auch die Schwanzmeise, *Aegithalos caudatus,* gehört zwar in Mooren zu den einheimischen Brutvögeln, dehnt ihr Verbreitungsgebiet aber bis in den hohen Norden aus, und die dort lebenden Vögel verbringen den Winter bei uns. Es handelt sich um äußerst reizvolle Vögel mit einem schwärzlich-weißlich-rötlichen Gefieder und einem langen Schwanz. Den Kopf schmückt ein schwarzer Streif. Diese Vögel lieben es besonders, unsere Meisenfutterstellen zu besuchen, und wir müssen zur Zeit ihrer Anwesenheit erheblich mehr Futter geben, um sie mehrere Wochen zum Bleiben zu veranlassen. In ganz kalten Wintern kommt auch der prächtigste nordische Vogel zu uns, der Seidenschwanz, *Bombycilla garrulus.* Eine kastanienbraune Oberseite und eine rötlichbraune Unterseite zeichnen ihn aus, verbunden mit weiß-gelben Flügeln. Der Kopf trägt eine rötliche Haube. Diese Vögel fressen Beeren, Hagebutten und ähnliches, und wir können von Glück reden, wenn unsere eigenen Vögel genug davon übriggelassen haben. Ich selbst sah mich einmal gezwungen, bei einer Masseninvasion dieser Vögel in allen Apotheken getrocknete Heidelbeeren aufzukaufen, weil ich diesen seltenen Besuch so lange wie möglich genießen wollte. Ich habe den Seidenschwanz bei uns nur einmal erlebt und würde dasselbe wieder tun, wenn ich die Gelegenheit dazu hätte.

Bergfinken fallen im Winter oft in Massen ein. Wenn sie sich bei uns wohlfühlen, halten sie sich während der ganzen kalten Jahreszeit in unseren Gärten auf. Foto: WENDL

Säugetiere

Säugetiere werden wir in unserem Garten nicht allzu häufig beobachten können, es sei denn, es verirrt sich einmal ein Kaninchen oder, wenn das Grundstück am Waldrand liegt und der Zaun nicht völlig abschließt, könnte im Winter vielleicht per Zufall ein Reh erscheinen.

Von Mäusen und Ratten wollen wir auch nicht sprechen, und somit bleibt wirklich nicht mehr viel übrig. Ein Tier jedoch gehört geradezu zur Grundausstattung eines Gartens, und das ist der Igel, *Erinaceus europaeus.*

Unser stacheliger Freund läßt sich normalerweise nur des Nachts sehen und geht dabei unermüdlich auf Jagd. Es gibt fast nichts, was er verschmäht: Regenwürmer, Tausendfüßer, Asseln, Spinnen und Gehäuseschnecken - nur die großen Nacktschnecken mag er nicht -, und wenn er

Der Igel gehört sozusagen zur „Grundausstattung“ eines Gartens.

einmal einen kleineren Frosch und eine Kröte findet, läßt er sich diese auch schmecken. Auch Fallobst nimmt er an, und gelegentlich geht er selbst an Aas. Bei Störung rollt er sich ein und schützt sich dadurch weitgehend vor allen Gefahren. Oft hören wir nächtlicherweise Geräusche, die an einen asthmatischen alten Mann erinnern, und können uns deren Herkunft nicht erklären. Des Rätsels Lösung liegt bei männlichen Igeln, die sich Revierkämpfe liefern. Dabei kommt es auch vor, daß sie sich gegenseitig in den Gartenteich stoßen, doch wenn Wurzeln in das Wasser hineinragen, wird er als geschickter Kletterer leicht wieder dem nassen Element entfliehen. Bei Abwesenheit solcher Hilfen kann es vorkommen, daß er ertrinkt, und dies wollen wir auf jeden Fall vermeiden.

Seine Fortpflanzungszeit beginnt im April. Zunächst flieht das Weibchen vor dem Männchen. Doch der Freier läßt sich nicht abweisen und versucht es immer wieder. Dieses Spiel kann stundenlang dauern, und das Paar umkreist sich immer enger. Schließlich kommt es zur Begattung, wobei das Weibchen seine Stacheln flach anlegt, damit sich ihr Kavalier nicht verletzen kann. Nun zieht der Igelmann in die Wohnung des Weibchens, wird aber kurz vor der Geburt der Jungen von dort vertrieben. Diese erscheinen zunächst nackt und stachellos. Erst wenn die Jugendhaut durch Wasserverlust faltig wird, beginnen die Stacheln langsam hervorzubrechen. In der dritten Woche öffnen sich Augen und Ohren, und zu diesem Zeitpunkt sind die Igelkinder auch schon voll behaart und bestachelt. Jetzt kommt auch bald die Zeit, in der die Kinder mit der Mutter das Nest vorübergehend verlassen und schon damit beginnen, ihre erste Beute zu suchen. Der Anblick einer Igelmutter mit ihren Jungen gehört mit zu dem Schönsten, was unser Garten zu bieten vermag.

Nahe verwandt mit dem Igel sind die Spitzmäuse, von denen die Gartenspitzmaus, *Crocidura suaveolens,* am ehesten bei uns anzutreffen sein wird. Auch die Hausspitzmaus, *Crocidura russula,* findet sich gelegentlich ein. Spitzmäuse gehören zu den eifrigsten Insekten- und Larvenvertilgern und können uns nur willkommen sein. Auch sie leben meistens nachtaktiv und verstecken sich am Tag unter Steinen, Wurzeln oder in Erdlöchern. Sie verfügen über eine hohe Stimme, und wenn Sie es des Nachts „zwitschern" hören, können Sie mit großer Wahrscheinlichkeit damit rechnen, daß sich Spitzmäuse angesiedelt haben. Sie halten keinen richtigen Winterschlaf und suchen während der kalten Jahreszeit Scheunen, Gartenhäuschen oder sogar Keller auf. Wenn Sie einmal so ein Tier sehen, halten Sie bitte aufkommende Mordgelüste zurück, und seien Sie froh, solch nützliche Gäste um sich zu haben. Die Spitzmäuse sind auch gut an ihrer besonders langen Schnauze zu erkennen. Im allgemeinen gelten sie als unverträgliche

Das Eichhörnchen gilt als der Affe des deutschen Waldes. Durch geschicktes Klettern und Springen kann es uns täglich erfreuen, und außerdem zeigt es das von uns so sehr geschätzte zutrauliche Wesen.

Einzelgänger und kommen niemals in Gruppen vor. Sie brauchen deshalb auch keine Angst vor Übervölkerung zu haben, weil sie eifersüchtig ihr Revier verteidigen.

Dann wäre noch das Eichhörnchen, *Sciurus vulgaris,* anzuführen, das gerne als der Affe der deutschen Wälder bezeichnet wird. Es ist immer wieder eine Freude, seine munteren Kletterkünste zu bewundern und sein possierliches Benehmen zu genießen. Nur am Rande sei vermerkt, daß es auch sehr zutraulich, ja geradezu zahm werden kann und mit Vorliebe Leckerbissen aus der Hand nimmt. Es baut sich ein Nest in hohen Bäumen, besetzt aber auch Nisthöhlen. Allerdings steht es in dem schlechten Ruf, Nesträuber zu sein und so manches Vogelgelege zu plündern. Dies müssen wir wohl oder übel in Kauf nehmen, eingedenk der Tatsache, daß Fressen und Gefressenwerden einfach als Grundgesetz der Natur gilt.

Da sie sich untereinander als nicht gerade verträglich erweisen, wird es auch nie zu einer wirklich Schaden stiftenden Population kommen.

Fledermäuse im Garten anzusiedeln kann als großes Glück gelten. Baumhöhlen oder auch spezielle Nistkästen geben die Möglichkeit dazu. Foto: LIMBRUNNER

Als ihr größter Feind gilt der Marder und in unseren Gärten vornehmlich der Steinmarder, *Martes foina,* der in der letzten Zeit mehr und mehr die Nähe des Menschen sucht und dessen Vorliebe für Autokabel ihn in einen recht zweifelhaften Ruf gebracht hat. Er kann uns also nicht so ganz willkommen sein, wenn wir auch gegen ihn als jagbares Wild nichts unternehmen dürfen. Dafür wäre bestenfalls der zuständige Jäger berechtigt. Dieses Tier wohnt in Speichern und auf Dachböden und kann in der Nacht einen erheblichen Lärm verursachen.

Nun bleibt uns nur noch ein fliegendes Säugetier übrig, das zu den Fledermäusen gehört. Es handelt sich um die Zwergfledermaus, *Pipistrellus pipistrellus.* Sie sucht die Nähe menschlicher Siedlungen und sollte von uns auch geschützt und gefördert werden. Wie so vieles in der Natur hat auch sie in der letzten Zeit an Häufigkeit abgenommen, und das nicht, weil sie nicht genug Futter findet, sondern weil es ihr an geeigneten Niststellen fehlt. Hier können wir gut nachhelfen, denn es gibt Fledermaushöhlen zu kaufen. In der Abenddämmerung streicht sie über unseren Teich und stößt dabei spitze Schreie aus. Niemand muß Angst haben, sie würde sich in den Haaren verfangen oder gar nach Vampirart Blut saugen.

Dies alles sind Ammenmärchen, und als Tatsache bleibt nur, daß es sich bei diesem Tier um einen eifrigen Insektenvertilger handelt, der mit Hilfe seiner Schreie seine Beutetiere ortet und im Flug erhascht. Zur Überwinterung finden sich die Zwergfledermäuse gesellig zusammen, und alte Dachböden oder Scheunen oder auch Gartenhäuschen geben ihnen Gelegenheit dazu.

Wenn des Nachts im Garten leises Zwitschern ertönt, dann deutet dies auf die Anwesenheit von Spitzmäusen hin. Foto: LIMBRUNNER

Hund und Katze

Bis jetzt war immer von den Mitbewohnern unseres Gartens die Rede, doch nun soll von denen gesprochen werden, die Haus und Garten mit uns teilen und damit einen ganz besonderen Platz in unserem Wohnbiotop beanspruchen, aber sich gerade deshalb auch voll und ganz in die Gemeinschaft einfügen müssen. Es geht dabei um die kaum wegzudenkenden Haustiere Hund und Katze.

Um mit dem Hund zu beginnen, kann vorausgeschickt werden, daß es sich hier im allgemeinen um ein sehr intelligentes Lebewesen handelt, das es von allen Tieren so weit gebracht hat, ein treuer Kamerad, ja geradezu ein Freund des Menschen zu sein. Seine Geschichte weist in die frühe Steinzeit zurück, wo er bereits dem Menschen als Jagdgehilfe dienlich war, und er hat sich so auf seinen Herrn eingestellt, daß er allein kaum mehr lebensfähig wäre. So bleibt es letzten Endes nur eine Frage der Erziehung, den Hund dahin zu bringen, die Erfordernisse des Wohnbiotops zu erfüllen und nicht etwa als Störfaktor aufzutreten.

Weitgehend kann man von Anfang an die Voraussetzungen dafür schaffen, indem man die Randpflanzungen so anlegt, daß am Zaun ein schmaler Zwischenraum bleibt, der aber immerhin groß genug ist, um dem Hund das Entlangpatrouillieren zu gestatten. Damit hat man schon eine sehr wichtige Voraussetzung erfüllt, denn unser Freund fühlt sich als Bewacher und muß somit die Gelegenheit haben, das Grundstück, mit anderen Worten gesagt, sein Revier, von allen Seiten beaufsichtigen zu können. Wenn auch ein täglicher ausgedehnter Spaziergang zu seinen unbedingten Bedürfnissen gehört, so sollte man ihm dennoch einen größeren Raum in einer Ecke hinter den Pflanzungen einräumen, wo er notfalls seine Geschäfte erledigen kann. Diesen Platz muß man aber immer wieder mit Rindenmull oder mit Hobelspänen überdecken, damit der Hund sich nicht eines Tages weigert, ihn in unserem Sinne zu benützen.

Man geht dabei so vor, daß man ihn täglich dorthin führt und ihn auffordert, sich hier zu lösen. In Kürze wird er verstanden haben, was wir von ihm erwarten, und wird in Zukunft ganz von selbst diese Stelle aufsuchen. Weiterhin muß er daran gewöhnt werden, nicht quer durch die Anlagen zu rennen, aber auch das wird er schnell lernen, vor allem, weil wir es ja auch nicht machen und er stets bestrebt sein wird, es uns gleichzutun. Das alles kann man ohne Strafen erreichen, indem man lobende oder mißbilligende Worte gebraucht und ihn gelegentlich mit einem Leckerbissen belohnt.

Etwas schwerer fällt es, den Jagdtrieb zu beeinflussen, denn dabei handelt es sich um einen Instinkt, der mitunter jedes Gefühl des Folgenmüssens ausschließt. Ich halte seit Jahrzehnten Hunde, und im allgemeinen ist es mir fast immer gelungen, den Hund zu veranlassen, kein anderes Tier zu verfolgen oder ihm gar etwas zuleide zu tun. Ich wendete dabei immer die Worte an: „Pfui, das gehört dem Herrle", und allein damit habe ich erreicht, daß die Hunde nicht einmal nach einer Libelle schnappten. Nur einmal war jede Mühe vergeblich, allerdings nur, wenn es sich um Igel handelte. Einer meiner Hunde war nicht davon abzubringen, die Stacheltiere zu attackieren, obwohl er jedesmal eine blutige Nase davontrug. Doch mit solchen Fällen von Unbeeinflußbarkeit muß man eben leben und im Ernstfall sofort eingreifen.

Viel schwerer tut man sich bei einer Katze, denn diese Tiere haben sich ihre Eigenständigkeit bewahrt und sind bis zum heutigen Tag „Raubtiere" geblieben. Allerdings erinnere ich mich gut an eine Methode, die mein Vater anwendete, der, obwohl er ein großer Vogelfreund war, Katzen hielt. Er nahm eine neue Katze täglich auf den Arm und ging mit ihr zu seinen Vogelkäfigen. Sobald die Katze begehrliche Blicke warf, kriegte sie einen Klaps auf das Hinterteil, und er er-

Diese Hündin war so erzogen, daß sie nicht einmal nach einer Libelle schnappte.

reichte damit tatsächlich, daß die Katze schließlich einen weiten Bogen um jeden Vogel machte. Um ganz sicher zu gehen, hängte er den Katzen immer ein Halsband mit einem Glöckchen um, so daß sie nie in der Lage waren, sich an einen Vogel anzuschleichen.

Im übrigen soll nicht versäumt werden zu bemerken, daß weibliche Katzen immer mehr Jagdinstinkt zeigen als Kater, die in wohlgenährtem Zustand häufig viel zu faul sind, um ein räuberisches Leben zu führen. Ein anderes, nahezu unbeeinflußbares Element sind die streunenden Katzen aus der Nachbarschaft. Doch hat mir ein offensichtlich sehr weiser Mann einmal anvertraut, er halte sich selber eine Katze. So habe er wenigstens die Gewißheit, nur eine Katze auf seinem Grundstück zu haben und nicht die der ganzen Nachbarschaft. Katzen sind Einzelgänger und hüten eifersüchtig ihr Revier. Vielleicht läßt sich so ihre Unverträglichkeit gegenüber Artgenossen zu unserem Vorteil ausnützen. Wieder ein anderer hatte die Idee, sein Grundstück mit einem elektrischen Weidezaun zu umgeben, und hält damit Katzen fern. Ich selbst bin gewiß kein Katzenfeind und würde diesen Tieren auch gelegentlich einen Vogel gönnen, wenn diese Beute tatsächlich dem Nahrungserwerb dienen würde. Katzen haben nur die unangenehme Eigenschaft, aus Spieltrieb oder aus reiner Mordlust zu töten. An diese Tatsache aber kann ich mich beim besten Willen und bei allem Naturverständnis nicht gewöhnen. Das gesunde, naturgegebene Verhältnis zwischen Jäger und Gejagten muß auf jeden Fall erhalten bleiben. Im Wald ersetzt der Mensch das fehlende Raubtier in Form des Jägers, in unseren Gärten jedoch hat sich diese Situation durch unbeaufsichtigte Katzen sehr zuungunsten der Gejagten verschoben. Ich möchte mit diesen Worten keinesfalls zum Ausdruck bringen, daß sich Katzenhaltung und Wohnbiotop gegenseitig ausschließen, doch möchte ich Katzenhaltern empfehlen, ein bißchen mehr auf ihre Tiere aufzupassen und sie vor allem nachts im Hause zu behalten. Gerade durch Befolgen dieses Rates kann viel Unheil abgewendet werden.

Abschliessende Gedanken

Wenn Sie dieses Buch und die beiden anderen Bände aufmerksam gelesen haben, dann werden Sie sicher verstehen, was ich mir unter dem Begriff Wohnbiotop vorstelle. Pflanze, Tier und Mensch sollen lernen, in einer Gemeinschaft zu leben, die weitgehend den natürlichen Gegebenheiten entspricht. Dem Menschen kommt dabei die Verantwortung den anderen Lebewesen gegenüber zu und gleichzeitig die Aufgabe, dann mit ordnender Hand einzugreifen, wenn etwas aus den Fugen zu geraten droht. Ich sehe darin eine Verpflichtung der Natur gegenüber, und wenn dieser Gedanke einmal um sich gegriffen hat, dann wird manches weiterleben, was heute als gefährdet gilt.

Die Menschen werden immer mehr und damit der Lebensraum entsprechend kleiner. Die Ausdehnung der menschlichen Beeinflussung auf die Natur läßt sich nicht aufhalten, und trotzdem kann jeder in dem kleinen, ihm zur Verfügung stehenden Rahmen etwas zur Erhaltung beitragen.

Für Sie bleibt der befriedigende Gedanke, sich ein eigenes Königreich geschaffen zu haben, und wenn einmal die ganze Arbeit erledigt ist und Sie in der Lage sind, Ihr Wohnbiotop voll und ganz zu genießen, dann erst können Sie Ihre Leistung selber voll würdigen und werden mit Freude auf das blicken, was Sie geschaffen haben. Viele werden Sie beneiden, und je mehr Sie überzeugen können, es ebenso zu tun, desto eher sehe ich mein Ziel erreicht, das ich mir selber gesteckt habe.

Der Garten darf nicht länger eine unbiologische Grünfläche bleiben, er muß vielmehr dazu dienen, der Natur zumindest in bescheidenem Rahmen eine Überlebenschance zu bieten. Sie werden bald die Befriedigung spüren, die Sie erfüllt, wenn Ihr Garten zu einem echten Wohnbiotop im Sinne des Wortes verwandelt wurde. Sie sind dann König in diesem Reich, werden inmitten Ihres eigenen Stückchens Natur leben und darauf können Sie stolz sein und echtes Glück empfinden.

VITA

Karl Albert Frickhinger

Karl Albert Frickhinger, Jahrgang 1924, richtete bereits in früher Jugend sein Interesse auf alles, was mit Natur zusammenhängt.

Da er aus einem alten Apothekergeschlecht stammt, studierte er Pharmazie und weiterhin auch Botanik, um seinen naturwissenschaftlichen Neigungen folgen zu können.

Nach dem Betrieb einer eigenen Apotheke wandte er sich der Fisch-Pathologie zu, erfand zahlreiche Präparate gegen Parasiten der Aquarienfische und vertrieb diese weltweit über seine damalige Firma Zoomedica Frickhinger.

Aus dieser Zeit stammt sein Buch „Gesund wie der Fisch im Wasser". weiterhin befaßte er sich mit Palaeontologie, und auf diesem Gebiet veröffentlichte er unter dem Titel „Fosilien Atlas Fische" eine stark beachtete Monographie über fossile Fische.

Darüberhinaus war er stets um die Erhaltung der Natur bemüht und, da er mit ansehen mußte, daß Jahr für Jahr reiche Biotope zerstört wurden, begann er schon früh damit, seinen eigenen Garten so zu gestalten, daß daraus ein Lebensraum entstand, der Tieren und seltenen Pflanzen Schutz bot.

Aus dieser Idee heraus wuchs der Wunsch, seine Erfahrungen einem weiten Kreis zugänglich zu machen, um so einen aktiven Beitrag zum Schutz der bedrohten Natur zu leisten.

Als Mitautor des Buches „Der neue Garteneich" brachte er erstmalig seine Gedanken zur Gartengestaltung zum Ausdruck.

Für seine Erfolge in der Bekämpfung von Fischkrankheiten und wegen seines steten Bemühens zur Verbreitung der Biotop-Garten Idee wurde Ihm Im Jahre 1985 das Bundesverdienstkreuz verliehen.

Index

Verzeichnis der lateinischen Tiernamen

V

Verzeichnis der deutschen Tiernamen

A

B

D

E

F

G

W

Z

Literaturverzeichnis

BAENSCH, PAFFRATH, SEEGERS, Gartenteich-Atlas, Mergus, 1992

BAETZNER, Natursteinarbeiten des Landschaftsgärtners, Ulmer, 1968

BAUCH, Die einheimischen Süßwasserfische, Neumann, 1966

BECK, Der optimale Gartenteich, Adaquadocumenta, 1988

BECK, Mini-Wassergärten, Kosmos, 1992

BELLMANN, Spinnen, Neumann, 1984

BERG-HEFT, Rhododendron, Ulmer, 1969

BOERNER, Blütengehölze für Garten und Park, Stichnote, 1961

BOERNER, Nadelgehölze für Garten und Park, Stichnote, 1969

BRINK van den, Die Säugetiere Europas, Parey, 1972

BRUUN, SINGER, KÖNIG, Europas Vogelwelt in Farben, Kosmos Franckh, 1971

CARTER, HARGREAVES, Raupen und Schmetterlinge Europas, Parey, 1987

CHINERY, Pareys Buch der Insekten, Parey, 1987

DENKEWITZ, Heidegärten, Neumann, 1987

EBERLE, Stein, Kraut und Tier, Kramer 1956

EBERLE, Gesteinsflur, Vorbild unserer Steingärten, Kramer, 1963

EISELT, Bodendeckende Pflanzen, Neumann-Neudamm, 1969

EISELT, SCHROEDER, Nadelgehölze, Neumann, 1974

ELLENBERG, Vegetation Mitteleuropas mit den Alpen, Ulmer, 1963

ENGELHARDT, Was lebt in Tümpel, Bach und Weiher ? Kosmos, 1959

FELDMAIER, Die neuen Lilien, Ulmer, 1967

FELDMAIER, Lilien, Ulmer, 1982

FELIX, HISEK, Vögel in Wald und Gebirge, Artia, 1977

FOERSTER, Einzug der Gräser und Farne in die Gärten, Neumann, 1957

FOERSTER, Der Steingarten, Neumann, 1962

FOERSTER, Neuer Glanz des Gartenjahres, Neumann, 1969

FRANK, Zwiebel- und Knollengewächse, Ulmer, 1986

FRICKHINGER, LADIGES, WIESER, Der neue Gartenteich, Tetra, 1991

FRICKHINGER, Fossilien Atlas-Fische, Mergus, 1991

FROMMHOLD, Lurche und Kriechtiere Mittel europas, Neumann, 1959

GLASAU, Sommergrüne Ziergehölze, Parey, 1967

GOOCH, Der andere Garten, Landbuch, 1962

GRZIMEK, Tierleben, Kindler, 1969

HEGI, Illustrierte Flora von Mitteleuropa, Parey, 1969/79

HEGI-MERXMÜLLER, Alpenflora, Hanser, 1963

HEIMER, Wunderbare Welt der Spinnen, Landbuch, 1988

HEIMER,NENTWIG, Spinnen Mitteleuropas, Parey, 1991

HEINZE, FITTER, PARSLOW, Pareys Vogelbuch, Parey, 1972

HERKNER, Rund um den Wassergarten, BLV, 1978

HIGGINS, RILEY, Die Tagfalter Europas und Nordwestafrikas, Parey, 1971

HOFMANN, KAPLICKA, Ziersträucher, Artia 1969

HOLCIK, MIHALIK, Süßwasserfische, Artia,1970

JACOBS, RENNER, Taschenlexikon zur Biologie der Insekten, Fischer 1974

JACOBS, RENNER, Systematische Zoologie: Insekten, Fischer, 1975

JURITZA, Welche Libelle ist das?, Kosmos, 1988

KERNEY,CAMERON,JUNGBLUTH, Die Landschnecken Nord- und Mitteleuropas,Parey 1979

KÖHLEIN, Saxifragen, Ulmer, 1992

KÖHLEIN, Enziane und Glockenblumen, Ulmer, 1986

KÖHLEIN, Nelken, Ulmer, 1990

KÖHLEIN, Freilandsukkulenten, Ulmer, 1977

KÖHLEIN, Primeln, Ulmer, 1984

KÖHLEIN, Iris, Ulmer, 1981

KRIECHBAUM, Alpenpflanzen im Garten, Parey, 1960

KRÜSSMANN, Rhododendron, Parey, 1968
KRÜSSMANN, Die Nadelgehölze, Parey, 1960
KRÜSSMANN, Die Laubgehölze, Parey, 1965
LADIGES, VOGT, Die Süßwasserfische Europas, Parey, 1965
LUDWIG, Tiere im Gartenteich, BLV, 1987
LUNDBECK, Wasserpflanzen im Garten, BLV, 1968
MÄGDEFRAU, Paläobiologie der Pflanzen, Fischer, 1956
MAKATSCH, Die Vögel in Feld und Flur, Neumann, 1969
MAKATSCH, Die Vögel in Haus, Hof und Garten, Neumann, 1956
MAKATSCH, Die Vögel in Wald und Heide, Neumann, 1959
MEYER, Gefährten des Gartenjahres, Parey, 1960
MIESSNER, Das Heidegartenbuch, Deutscher Landwirtschaftsverlag, 1970
NES van, Iris im Garten, BLV, 1967
NICOLAISEN, Frühling im Garten, BLV, 1963
OBERDORFER, Pflanzensoziologische Excursionsflora für Süddeutschland, Ulmer, 1970
OLDEHOFF, Wunderwelt Wasser, Kernen, 1967
OUDSHOORN, Farne für Haus und Garten, Ulmer,1986
PETERSON, Die Vögel Europas, Parey, 1965
RAUSCHERT, Wiesen- und Weidepflanzen, Neumann, 1965
RICHTER, KLAUSNITZER, Tiere im Naturgarten, Vernetztes Leben, Landbuch, 1990
SADOVSKY, Orchideen im eigenen Garten, BLV, 1965
SAUER, Bienen, Wespen und Verwandte, Fauna-Verlag, 1985
SAUER, Fliegen und Mücken, Fauna-Verlag, 1991
SAUER, Wasserinsekten, Fauna-Verlag, 1988
SAUER, Tiere in Bach und Weiher, Hallwag, 1979
SAUER und WUNDERLICH, Die schönsten Spinnen Europas, Fauna-Verlag, 1991
SCHACHT, Blumenzwiebeln für Garten und Heim, Ulmer, 1955
SCHACHT, Frühlingsboten, Ulmer, 1971
SCHACHT, Der Steingarten und seine Welt, Ulmer, 1955
SCHMEIL-FITSCHEN, Flora von Deutschland, Quelle & Meyer, 1965
SEIFERT. Der Kompost, Krug, 1965
SYNGE, Gartenfreude durch Blumenzwiebeln, Neumann, 1961
TRUTNAU, Europäische Amphibien und Reptilien, Belser, 1975
WERMUTH, Taschenbuch der heimischen Amphibien und Reptilien, Urania, 1957
WESENBERG-LUND, Biologie der Süßwassertiere, Springer, 1939
WEYMAR, Buch der Moose, Neumann, 1958
WEYMAR, Buch der Gräser und Binsengewächse, Neumann, 1963
WIESER, Mein Gartenteich, Tetra, 1985
ZAHRADNIK, Käfer Mittel- und Nordwesteuropas, Parey, 1985
ZEISKE, PLOMANN, Fisch- und Gewässerkunde, Sportverlag, 1980